丛书编委会

总　策　划：来新国　王文成

编委会主任：郭齐勇　周晓亮

编　　委：来新国　陈知涯　张　彧　尹格韬　沈　众

王文成　孟淑贤　周长志　罗养毅　秦　丹

乌　琛

大家精要

周敦颐

彭达池 著

陕西师范大学出版总社

Zhou Dunyi

图书代号 SK16N1066

图书在版编目（CIP）数据

周敦颐 / 彭达池著. ——西安：陕西师范大学出版总社
有限公司，2017.1（2024.1重印）
（大家精要）
ISBN 978-7-5613-8729-0

Ⅰ. ①周… Ⅱ. ①彭… Ⅲ. ①周敦颐（1017—1073）—
传记 Ⅳ. ①B244.2

中国版本图书馆CIP数据核字（2016）第272577号

周敦颐   ZHOU DUNYI

彭达池   著

责任编辑	陈柳冬雪
责任校对	陈君明
特约编辑	宋亚杰
封面设计	张潇伊
出版发行	陕西师范大学出版总社
	（西安市长安南路199号 邮编 710062）
网 址	http://www.snupg.com
印 制	永清县晔盛亚胶印有限公司
开 本	650 mm × 930 mm 1/16
印 张	10
字 数	100千
版 次	2017年1月第1版
印 次	2024年1月第2次印刷
书 号	ISBN 978-7-5613-8729-0
定 价	45.00元

读者购书、书店添货或发现印刷装订问题，请与本公司销售部联系、调换。

电话：（029）85303879   传真：（029）85307864   85303629

目　录

第 1 章

少年茂叔　自然洗礼

一、濂溪故里

宋真宗天禧元年（1017）五月初五，道州营道县营乐里楼田村，一个世世代代以儒学为业的周姓家里又生下一个小男孩，他就是后来对宇宙人生有独特思考的周敦颐。周敦颐原名惇实，字茂叔，由惇实改名敦颐，是为了避英宗旧名"宗实"之讳。因其晚年建濂溪书堂于庐山之麓，亦号濂溪先生。曾祖周从远、祖父周智强，皆受儒家思想熏陶。父亲周辅成，博学能文，大中祥符八年（1015）赐进士出身，初为湖北黄冈县令，后任广西贺州桂岭县令，累赠谏议大夫；母亲郑氏，为郑灿之女、龙图阁直学士郑向之妹，生性贤惠。

周家先辈，可上推到帝喾、后稷，定居于周，后来就把"周"作为他们的姓氏。到了汉代，汝南（今河南平顶山市附近）成了周氏先祖的封地。正是因为这一缘故，程颐于《明道先生行状》中称周敦颐为"汝南周茂叔"，南宋理宗追封周敦颐为"汝南伯"。从汝南到道州，周氏先祖的迁徙大约还历经了青州、襄阳、宁远等地。到天禧元年周敦颐降世，其先祖已经在道州居住十二世了。周茂叔自然是地地道道的道州人，再以"汝南"相称，只不过是溯源寻根而已。

周家所居道州，山川秀美。营乐里楼田村也就是今湖南道县久佳乡的楼田村。据成书南宋的《记纂渊海》记载，道州属荆湖南路。营道县北，有九座形貌相似、起伏连绵的群山，称为"九嶷山"，古代帝王舜就葬在这里。九嶷山纵横千里，峰谷崎岖，山中有一奇岩在营道境内，叫含辉岩，下有含辉洞。幽深的洞穴，险峻的突岩，吸引着少年茂叔对天地造化的思考，也赋予了他灵性。

周氏故里，不仅山奇，而且水秀。宋元时人龚维蕃，在《重建先生祠记》中说，营道之西，距城十八里，有水曰濂溪。发源于大江，源汇于龙湫，东流二十里至楼田。其乡曰营乐，其保曰濂溪。广横数百亩，溪行其中，虽大旱而不竭。周氏家其上，即濂溪先生故居也。对儿时的山水之趣，茂叔情有独钟。这种故乡山水之情，伴随他的一生，直到晚年择居还是依山傍水，筑堂于江西庐山侧畔，名之濂溪书堂，改绕堂溪水名为濂溪，这显然是对儿时故里的怀念。周敦颐晚年所作《石塘桥晚钓》云："濂溪溪上钓，思归复思归。钓鱼船好睡，宠辱不相随。肯为爵禄重，白发犹羁縻。"这"思归复思归"几字，正道出了茂叔的思乡情结。

营道风景优美，旧时"道州八景"就有两景在此。地灵人杰，道州爱莲堂《周氏族谱》云，周归仁三传至安时，生如锃、如锡。周如锃为周安时的长子，唐高祖武德四年（621）登武进士，曾任大理寺评事；周如锡为次子，武德元年进士，曾任广东高州府刺史。而周如锡生了九个儿子，居然满门进士，其中文进士六人，武进士三人。再看周敦颐嫡系。其祖父周智强，五个儿子有两个进士。长子怀识，北宋仁宗天圣五年（1027）进士，官至汀州上杭令。四子也就是周敦颐的父亲周辅成，亦为进士。

周敦颐故里，村前阡陌纵横，每到初夏，禾苗葱郁，随风浪涌；村后石山环护，形成一道天然屏障。村左山势陡峭，灌木丛生，淌碧流翠，是为道山。元人欧阳元《道州修学记》云："道之得名，相传因营道二字见于记载。山有是名而州遂名，宜非偶然者。子周子得孔孟不传之绪，为百世道学之昌，是生道州，岂偶然哉！"后人命名也巧，"道"不就是自然吗？先有自然造化之道山，次有以山得名之道州，后有周子之道学，这一切又好像是那么天衣无缝，顺理成章。道山自西往东而山势渐高，远远望去，就像一只静卧休息的大虫，雄踞高位，在那里守护着整个村落。因此，道山又名豸岭。村右是龙山，曲折起伏，绵亘数里，有如游龙下海。山顶有一石砌小寨，门墙坚固，下边峭壁千仞，大约是为了眺望远方，防范外寇而建。有了"大虫""巨龙"的守护，再加上这个哨口，一道铜墙铁壁式的屏障，让村民们感到安然舒心。故小寨取名安心寨。

村南道山脚下有一股清泉，从石缝中射出。左右两边的岩石上分别刻着"圣脉"和"寻源"字样，属明代石刻。水从石窦中进出，晶莹清澈，潺潺长涌，不论是春夏还是秋冬，都一如既往，永不枯竭。泉水经过村前，蜿蜒汇入濂溪，犹如一条长带，飘舞在原野。明人王会《濂溪故里图说》中"清泠莹彻，如飞霜喷玉，大旱不涸，积雨不溢"等句，就是对此泉不息生机的描述。泉初名濂溪井，后因周子上承孔孟，下启程朱，而更名为"圣脉泉"。传说周敦颐少年时，在圣脉泉洗完帽缨后坐下来休息，久久不愿离去。后人对这些传说尽情发挥，于是"濯缨亭""濯足亭""钓鱼桥""五星墩"相继建起。

周敦颐童年生活最富特色的莫过于"道州八景"之首的月岩了。月岩在周敦颐故里西约五公里处。度正《濂溪先生年谱》曰："濂溪之西有岩，东西两门，中虚，顶圆如月，出入仰视，若上下弦，名月岩。先生筑室读书其间，相传睹此而悟太极。"因为道州一带是喀斯特溶洞地貌，故有此神工造化。月岩就是都庞岭下的一个大溶洞，徐霞客赞曰："永南诸岩殿最，道州月岩第一。"远远望去，月岩像一座巍峨的城阙。里面一洞三孔，东西两门对峙，洞顶呈圆柱形，中虚其顶，天光直透，峭壁千尺。东洞高40余米，宽20余米，长60余米；西洞高70余米，宽约40米，长100余米。整个岩洞有一百多亩大小，中有小山，南高北低，茂林修竹生其上。站在洞内，朝东外看，远处山峦起伏，绿荫掩映，村落依稀可见，近处小桥流水，阡陌交错。朝西外看，群山矗立，如屏似戟，颇为壮观。洞内削壁千仞，白石滑润。从西门进去，抬眼观望，透过门洞的边沿，看到东边洞顶一线蓝天，有如新月。再往前走，新月就成了蛾眉月、上弦月、凸月、满月。再从洞厅向东，回首看洞顶，则是满月而下弦月，残月直到消失。随人进出，看到的好似一幕阴阳消长变化的景观，难怪后人将此与太极比附。如明人张公桥《月岩辨》云："徘徊谛视，幡然悟曰：此非月之望也，亦非月之上下弦也。其中圆虚通天者，非太极乎？由东西二岩观之，非太极之动而生阳，静而生阴乎？岩畔溪流，萦纡如带，而群峰矗立，森布于岩之左右，如屏如戟，如铺如笏，皆具五行之象，非太极之水火木金土乎？此天地之太极，不必假借，不必点缀，昭然在心目间，可一揽而竟者！"

月岩洞中有洞，右边岩壁上挂满了石钟乳，好像悬挂的帐

004

子，俗称"仙人床"；左边岩壁看似纵横的阡陌，俗称"仙人田"。东洞岩口悬挂的石钟乳活像一只鞋，自然名之"仙人鞋"了。月岩洞通光透气，冬暖夏凉，成了鸟类的天堂。这样一个人间仙境，少年茂叔乐游其间。

二、失亲守丧

宋仁宗天圣九年（1031），周敦颐十五岁。他原本生活在一个充满温馨的家庭，又喜爱读书，在家乡颇有名气，人们都说他志趣高远，博学力行，有古人风范。可不幸的事情降临家门，父亲辅成就在这一年去世了，家庭支柱坍塌，全家人都沉浸在悲痛的气氛之中。在敦颐家庭危难之际，舅舅郑向伸出援助之手，把妹妹和外甥一同接入京城开封。从此，敦颐离开了故土。

郑向，字公明，开封陈留人。早年考取进士，担任过大理评事、蔡州通判等职，后升迁为尚书屯田员外郎、濠州知府、蔡州知府。召试集贤院，授予三司户部判官，再为度支员外郎、盐铁判官。后出任两浙转运副使，为疏通润州蒜山运河立下大功。曾出使契丹，升至兵部郎中，提点诸师库务。以龙图阁直学士在杭州任时终其一生。他对中国历史、易经和理学有独特的见解，精通先秦诸子百家。据《宋史·艺文志》记载，郑向著有《五代开皇记》三十卷、《起居注故事》三卷。

这位在官府辗转一生，又有学有识的舅舅，对周敦颐的影响之大，甚至超过了他的父亲。郑向把外甥接到身边，也就担负起了抚养和教育的义务。度正在《濂溪先生年谱》中说"龙图公知先生远器，爱之如子"，这并非虚美之词。龙图阁直学士虽然是闲官，但在宋时也不无实惠。据《宋史·职官十》"文臣荫补例"：从辅导太子的老师到管理古玉印玺鼎彝礼器的保和殿大学士，他们的儿子，可补为承奉郎；孙及服丧一年的亲属，可补为承务郎；服大功丧以下的亲戚，可补为登仕郎；异姓亲，可补为将仕郎。郑向就是因为有龙图阁直学士的头衔，加之在疏浚润州蒜山漕河及出使契丹等职事上立过功，所以才能荫及异姓亲。就在敦颐二十岁那年，郑向得到一次叙倒荫亲的机会，他并没有推荐自己的儿子，而是让敦颐试将作监主簿职事。郑氏的道德人品，以及对敦颐寄予的厚望，就此可见一斑。

郑向喜欢敦颐学习刻苦，又聪明礼让，诚实有信，遂给予了多方面的关怀。在学习方面自然也加以指导和督促，使之攻读经史百家。由于大量广泛的阅读，周敦颐接触到许多不同派别的思想。从先秦诸子，到汉代才从印度传入中国的佛学，他都有所涉猎。这为他而后精研中国古代奇书《易经》，创立先天宇宙论思想奠定了基础。周敦颐二十岁时，已经小有名气，由于舅舅的举荐而得到一个主管祭物的小官后，事业上刚有了一点基础。郑向又考虑到他的终身大事，操办为其聘娶一陆姓女子完婚。

周敦颐从十五岁离开故乡道州，就再也没能长时间安居一处，基本过着辗转迁徙的生活。十五岁至十八岁居京城开封，十九岁至二十岁因舅郑氏浙江赴任而迁杭州。不幸的是这位爱之如子的舅舅，在他二十岁那年任杭州知府时去世了，葬于浙江润州丹徒县，也就是今天的江苏镇江市。第二年的七月十六日，周敦颐的母亲也去世了，其遵遗嘱葬母于丹徒。母丧使他离开了试将作监主簿之职。古时有所谓"丁忧去职"，即父母死后，子女要守丧，三年内不做官，不婚娶，不赴宴，不应考。

从二十一岁到二十三岁，他为了守丧迁到润州丹徒鹤林寺。鹤林寺旧名竹林寺，位于黄鹤山北麓，是著名古寺之一，创建于东晋元帝大兴四年（321）。相传南朝宋武帝刘裕早年家贫，青少年时代到黄鹤山砍柴时，头顶常有黄鹤翩翩飞舞。称帝后，遂改寺名为鹤林寺。鹤林寺是个文化气氛浓郁的地方，光绪《丹徒县志》卷四十五云："寿涯禅师，居鹤林寺。周濂溪读书于寺侧，与寿涯交甚善。"实际上周敦颐自幼丧父后，也曾随舅郑向在润州住过，据说他同寿涯早已相识。宋以后在鹤林寺旁建有周濂溪祠与濂溪书院，光绪《丹徒县志》卷五"庙祠"条云："濂溪周先生祠，在鹤林寺西。"这段经历，度正在《濂溪先生年谱》中说："先生遂扶柩厝于龙图公墓侧。是岁居润，读书鹤林寺。时范文正公（仲淹）、胡文恭公（宿）诸名士与之游，独王荆公（王安石）少年不可一世，怀刺谒先生，足三及门而不得见。荆公恚曰：吾独不可求之六经乎?"这是景祐四年（1037）的事。

周敦颐一生基本是在州县为官，与朝廷要员接触不多。润州守丧期间则有缘与范仲淹这样的名士交游。范仲淹于景祐三年五月遭贬后连连左迁，在景祐四年左右来到润州。在这之前，范仲淹受贬期间曾在睦州体察民情，兴办州学，在苏州排涝救灾，兴办郡学，朝野内外皆传其名。在政治思想上，看不出范仲淹对周敦颐有多大的影响，但在为民请命，兴办学校，重视教育方面，两位是一致的。王安石这时才十七岁，随父由开封东下江宁，正是少年自负、与日争辉的时候。而敦颐在龙图阁直学士指导下大量阅读与思考，应该收获颇多，已经美名在外，加上少年荆公对知识异乎寻常的兴趣，自然也就有了"足三及门"的寻访。至于度正提到的胡宿，与敦颐颇多相似之处：胡宿为人恭谨忠实，敦颐初名惇实，也许与其性格关联。胡宿担当重任尤顾惜大体，平生以诚事主，不忍有毫发之欺；周敦颐在自己数量极其有限的著作中就大力提倡这个"诚"字，认为诚是圣人的根本。正是物以类聚，人以群分。

后来《宋元学案》把周敦颐同孙复、胡瑗并列为"高平讲友"（高平即范仲淹），与守丧鹤林寺这段交往不无关系，也表明范仲淹同周敦颐之间的学术思想关系是密切的。全祖望指出有一个叫许渤的人"在润州，与范文正公、胡文恭公、周元公（敦颐）游。每日晨起，问人天气寒温，加减衣服"。《濂溪志》也说胡宿"尝至润州，与濂溪游。或谓濂溪与先生同师润州鹤林寺僧寿涯。或谓邵康节之父邂逅先生于庐山，从隐者老浮屠游，遂同受易书"。在周敦颐生前，就已有人提到周敦颐解说的"太极图"是得自润州鹤林寺僧寿涯。

短短的五年中，周敦颐接连失去了父亲、舅舅和母亲这些抚养他的至亲，甚为不幸。但在润州鹤林寺守孝期间，有幸接触诸多名流，正是这个机缘，使周敦颐在不经意间个人修养大有长进，从某种意义上看又成就了他。康定元年（1040）除服，从此他走上了宦海生涯。

第2章

官海生涯　勤政清廉

一、江西首任

　　周敦颐因舅舅郑向荫亲关系得到的是"试将作监主簿"之位，即将作监一职的试用人员。"将作监"是北宋初年游离于礼部和工部之间的办事机构，主要掌管祭祀活动。后来又发展成为掌管宫室建筑，以及各种异样器用打造的官署。主簿一职始设于汉，历代沿用，但职权各不相同。主簿最初并非官名，而是官员的职事所在。主簿是主管衙门文书簿记，查抄登录钱财出纳之事的下层小官，颇类似现在的文秘兼会计。宋时中央机关各寺、监、地方县级衙门多设主簿。周敦颐是将作监的试用主簿，因为是"荫补"而不是进士考入的，故叫作"无出身"，也就是没有今天的所谓学历学位资格。但按照惯例，沿此亦能转入正式主簿后逐步升迁。龙图阁直学士舅舅去世后，在朝廷也就失去了依靠；加之母丧，周敦颐做试作监主簿的时间不长。服丧期满，吏部将他由中央调往地方任职，派遣到江西，做了洪州分宁县主簿。

洪州属江南西路，治所在今南昌市，辖南昌、新建、奉新、丰城、分宁等八县。分宁即今江西省修水县。县是地方行政机构最低一级，自秦汉以后，历朝相沿不革。宋代的县，设县令、县尉，作为一县的长官。大县还设有主簿一员。开宝三年（970）规定县官的定制：县千户以上，依旧置令、尉、主簿，凡三员；户不满千，只置令、尉各一员，县令兼主簿事；不满四百，只置主簿、县尉，以主簿兼知县事；不满二百，只置主簿，兼县尉事。县令的职责是总管百姓治理等日常政务，鼓励农桑，发展经济，以及民事纠纷的处理；县尉主管治安，进行军备训练，缉拿罪犯制止暴乱。分宁是江西诗派始祖黄山谷的家乡，幕阜山纵贯境内，修河经过县城流入鄱阳湖。山清水秀，人才辈出。

庆历元年（1041），周敦颐怀着满腔热情正式到分宁县上任。分宁在当时可能属于户不满四百而由主簿兼知县的情况。在分宁任内，他博学力行，遇事果断，对待政务恭谨严肃，务尽道理，各项工作完成得很出色。他年仅二十五岁，就显示出卓异的审案才干。当时县里有个棘手的案件，原有官吏久久判决不下，周敦颐经过一次审讯就弄得明明白白。新任主簿断案的事很快传开了，全县上下无不惊诧。士大夫们都赞不绝口，说即便是长期办案、阅历丰富的官员也难以做到这般果断明快。这件事给当地人留下了深刻的印象。后来蒲宗孟在《濂溪先生墓碣铭》中称他"屠奸剪弊，如快刀健斧，落手无留"。

分宁上任不久，周敦颐接到调令，前往"湘赣孔道"袁州的芦溪镇代理市征局事务。袁州芦溪镇即今江西萍乡市芦溪县，当时是袁州辖区内的一个商业繁华的集镇，所以设有"市征局"。周敦颐此时正是少年壮志不言愁的时候，不顾生活辗转的辛劳，他总是朝着内心向往的目标前进。依法办事，凭智断案，虽然能够屠奸剪弊利落迅捷，但这不是理想的治理方案，只能算是治标下策；周敦颐认为更为理想的应该是兴办学校，教化民众，让百姓慎独自律，这也是宋代有识之士的共同心愿。他在芦溪除了公务，还以教化当地士子为己任。度正说："袁之进士讲学于公斋者甚众。"所讲内容当是孔孟修身之道。道光十九年刻《濂溪志》记载，这期间周氏曾作《论语序》，收入刘黻《蒙川集》中。

光阴荏苒，转眼三年过去了，到庆历四年，周敦颐接受吏部派来官员的考察。宋时吏部设置考功郎中、考功员外郎，人数不定，主要职责是文武官员的选拔、定职和业绩考察。考察对象分京官和地方官两类，考察内容简称"四善三最"。"四善"即"德义有闻、清谨明著、公平可称、恪勤匪懈"；"三最"即"狱讼无冤、催科不扰，为治事之最；农桑垦植、水利兴修，为勤课之最；屏除奸盗、人获安处，振恤困穷、不致流移，为抚养之最"。吏部的考察认为周敦颐才华突出，功绩卓著。据此，周敦颐被调往南安军担任司理参军。军是宋朝的地方建制，上一级是"路"。路下为府、州、军、监，再下一级为县。府、州、军都设有具体办事机构，称之诸曹，曹的主管官员叫作参军。周敦颐的司理参军一职，掌管案件复核事务。南安军属江南西路，等同下州，治所设在大庾县，管辖大庾、南康、上犹三县。宋徽宗崇宁年间（1102~1106），安南军全军共 37721 户，55582 人。"军"与州、府同级，一般设在边远险要之处，是重兵防御的军事要地。南安位于五岭之一的大庾岭北麓，属南赣山区腹地，当时是经济文化十分落后的边远地区。《南安军学记》说"南安地阻隘，其民贫多讼，学者不满百人"。二十八岁的周敦颐被调往南安，大约是考虑到用其善断狱讼，热心教化之所长吧。周敦颐果然不负所望，在南安短短两年时间内，把自己的特长发挥得淋漓尽致，工作有声有色。

就在他到任的第二年，狱中有个囚犯，按照条例不当判处死刑。但转运使王逵恣意行事，为政苛暴，坚持要治此人死罪。转运使本来是以钱粮转运为务的官吏，在州县各司中权力最大，以致"一路之事，无所不总"，且"专举刺官吏之事"，成为事实上的地方最高行政长官。因为转运使有了举荐弹劾官吏、总揽事务的权力，所以地方官员多不敢得罪他们。周敦颐则不以为然，他早置一己之利害于度外，为民请命，据理力争。王逵哪里见过这种忤逆的僚属，决然不许。周敦颐对王逵玩权弄法极为愤慨，将记事本丢在地上，又将告身（委任状兼工作证）掷给王逵说："用杀掉别人来讨好另外的人，这样的事情我不干！"王逵也非全然不明事理之辈，周敦颐一怒反使他清醒了许多，他不仅免除了囚犯的死刑，还向朝廷极力举荐周敦颐。

周敦颐在南安的另一件大事就是收"二程"为徒，开讲学之风于边野。宋朝统一中国后，宋太祖为了加强君主集权，防止军阀割据事件重演，大力提倡儒学，重用儒臣，宣称"宰相须用读书人"，而且要求武臣也要读书。到了宋仁宗时期，从中央到地方，涌现出一批儒家学者聚徒讲学，传授孔孟经典。许多学者一边做官，一边讲学，有"做官传道之风"。

庆历六年，兴国县令程大中（名珦），调任南安通判。程大中祖籍洛阳，对儒学有一定研究。他一见周敦颐就觉得"其气貌非常人"，通过交往，觉得周敦颐深得儒学要旨，且有独到见解，耳闻目睹，发现周敦颐学问高，人品更是值得钦佩，于是叫两个儿子拜周敦颐为师。程珦的两个儿子就是后世的"二程"，即程颢、程颐。那年程颢十五岁，程颐十四岁。周敦颐见这兄弟俩眉清目秀，问之以孔孟之道，皆能对答如流。热衷于教化的周敦颐，能遇到这般聪颖的晚生后辈，心里十分欢喜，听讼治狱之余，尽平生所学，悉心指导。周敦颐的指导对二程影响很大，《宋史·道学传·明道传》说："（程颢）自十五六时，与弟颐闻汝南周敦颐论学，遂厌科举之习，慨然有求道之志。"周敦颐传授的内容之一即是"孔颜乐处"，因为这种内心的修养才是圣贤的根基。几年下来，二程学业大进。

周敦颐的主要职责是决狱断案，但他从中看到了教化对于国家民族的重要性。在教授二程的同时，他在南安兴办学校，使更多的人能够接受教育。为此他做了大量的工作也积累了宝贵的授徒经验。由于二程在周敦颐教育下收获很大，一时在南安传为佳话，士绅贵族也纷纷把子弟送过来求学。因此，学生越来越多，原来的学宫已经容纳不下，周敦颐就在东山脚下建造军学学堂。几年下来，先后在周敦颐门下受业过的弟子就有千余人。有时公务繁忙，周敦颐就把授徒之务交给二程代理。二程虽少却不负重托，把教学搞得有声有色，受到当时人们的好评。

万事开头难，一个良好的开端往往引导某一事业如火如荼地发展，惠及子孙后代，功德无量。周敦颐南安讲学风气一开，对当地产生了深远的影响。数百年后，南安教育都承此余韵继往开来。淳祐二年（1242），南安知军林寿公创办"周程书院"。宝祐六年（1258），理宗皇帝采纳秘书郎李心传的奏议，亲笔题写"道源书院"四个大字，赐给"周程书院"，以表彰周敦颐、程颢、程颐在南安办学之功。后来，主政南安之人多重视办学，太守曹侯登捐出俸禄建学宫就是其例。北宋徽宗建中靖国元年（1101），苏轼途经南安，写下了《南安军学记》一文，热情洋溢地称赞"南安之学甲于江西"。从此，南安山堂书院、梅国书院、碧莲书院以及社学、义学、私塾代有所出。八百年后的清代南安知府黄鸣珂捐资的"碧莲书院"，还是取名于周敦颐的《爱莲说》。

二、初仕湖南

在王逵的举荐下，周敦颐而立之年得到一个出任县令的机会。参军与县令在级别上虽然一样，但任所有了改观。庆历六年（1046）冬天，他离开了工作六年的江西，到湖南郴州担任郴县县令。宋时郴州属荆湖南路的桂阳郡，下辖郴县、桂阳、宜章、永兴四县，崇宁年间有 39393 户，人口 138599，是该郡最好的县。周敦颐把他一贯的工作作风带到了湘南，明《万历郴州志》说他"博学力行，遇事刚果，有古人风"，"政事精密，严恕务尽道理"。清《重建郴阳濂溪书院记》说他"移郴令，劝农桑，兴学校，以道学倡士，士皆从化"。周敦颐把修学教人当成自己行政的重要任务之一，还撰写了一篇《修学记》，可惜后来失传了。到郴州的第二年，他又在当地名叫"鱼鲆山"的地方修建了校舍。

郴县还是州府所在地，因为地缘关系，周敦颐得以与知州亲密来往。他到任后的一系列举措名传遐迩，同事们都纷纷称赞。顶头上司知州李初平，看到这位朝气蓬勃的年轻人兴学传道不辞辛劳，从心底里佩服，也对他倍加关怀和爱护，并一再向上反映周敦颐的政绩。李初平武官出身，没读多少书，但为人正直，虽然有京官"职方员外郎"的头衔，在周敦颐面前从没有上司的派头。听周敦颐讲学，李初平内心非常向往明白世间的更多道理。一天，他诚恳地对周敦颐说："我也想读书，你看还行吗?"周敦颐说："您年纪大了，自己读要花很多时间。这样吧，我讲给您听。"从此，政事之余周敦颐每天抽出一定时间给李初平讲学。这样坚持了一年，李初平收获颇多，正想沿此进取，不幸病魔夺去了他的生命。但其不耻下问，诚心向道的精神，却鼓舞一代又一代的士人努力进取！周敦颐既有社会责任感，又知恩必报。皇祐元年（1049），李初平病故后，留下孤儿寡母。周敦颐自己也不宽裕，但他毫不犹豫地说："这都是我的事情了。"将李初平的灵柩护送到李氏家乡安葬，并挑起了照顾其家眷的重担。

皇祐二年郴县任期满，周敦颐改任桂阳令。桂阳县唐时为义昌县，五代后唐避庄宗祖父李国昌名讳，改为郴义县。宋太平兴国初，避太宗赵光义讳，改为桂阳县。治所在今湖南汝城县，条件不如郴县。周敦颐在桂阳干了四年，并在艰苦的条件下作出了突出贡献。《宋史》说他"移郴之桂阳令，治绩尤著"。具体表现在哪些方面已经不得而知了，只有件"木匮"小事可见当时行事之一斑。南宋嘉定年间（1208~1224），桂阳知县周思诚到任后听人讲了这样一件逸事：从前，县衙里有个大木柜子，高四尺，宽五尺，用来存放公文书籍。上面刻着"皇祐四年置，桂阳县令周"十个大字。周敦颐为官清廉，办事公正，讲究章程，前叙顶撞上司王逵而为民请命就是例证。档案文书、证据材料，自然被他看重。"木匮"小事，却看出人治社会里前贤身上的法治光辉。除了公文，里面还有政余便于阅读的书籍，周敦颐的讲学能够吸引没读几句书的年迈上司，这与他平时勤学善思，注意知识的积累与创新是分不开的。

三、二仕江西

因其在郴州、桂阳政绩卓著，得到达官们的赏识和推荐，于仁宗至和元年（1054）通过考核，周敦颐得到一个"大理寺丞"的京官头衔。所谓京官头衔，即有京官其名，而无实职的官员，如大理寺丞、太子中舍签书等。朝官才是不仅有官名，而且有实职的官员。宋时大理寺为司法复核机关，一般案件由受理官员判定，大理寺不再过问，复核的是各断案机构送审的案件。官员除主管判寺外，还有大理寺正、大理寺丞、大理寺评事三等，均为断案之官。周敦颐的大理寺丞只是个名分，而非实授。在宋代，有进士之类出身的判、司、簿、尉等官员，通过七次考核的，可以晋升大理寺丞。无出身的知县、县令、录事参军等官，通过六次考核可以晋升大理寺丞。周敦颐属于后一种情况，完全是依靠政绩得此晋升。大理寺丞虽然只是个京官头衔，但也有一定的意义。在当时凡不是京官出任知县的称县令，如前所述"郴县令""桂阳令"；由京官或有京官头衔的出任知县称为知县。虽然同是掌管一县政务，官衔却有高低。三十八岁的周敦颐得到京官头衔后被调往南昌，因此可称为洪州南昌知县。

南昌是洪州的首县，与他曾经做过主簿的分宁县同属于洪州府。时隔十多年，但当地人对这位疑难案件曾经"一讯立决"的年轻主簿，还记忆犹新。所以，南昌人听说周先生又回来了，都高兴地说："他就是当初在分宁为官，能够辨断疑难案件的那位，这下子我们有个可以诉说冤情的知县了。"同时，那些有不轨企图的人又相互告诫：我们应该听从教导，不要干作奸犯科的勾当了。当时百姓害怕犯罪，官吏以贪污为耻，民风吏治为之一振。"桃李不言，下自成蹊"，"其身正，不令而从"这些古语，在周敦颐为政南昌期间得到了验证。

其"身正"，既表现在勤政为民，多为百姓兴学办案等实事上，又表现在为官清廉，不贪污腐化上。周敦颐是以诚为本的，每教人如孔颜乐处，自己也身体力行。他在南昌期间得了一场急病，昏迷了两天两夜，大家都以为他不久于人世了。朋友潘兴嗣赶来为他料理后事，发现他日用的物品很少，就一只破筐子装着，才剩下几十文钱。这一幕给潘氏的感触很深，他后来在《濂溪先生墓志铭》中说："在南昌时，得疾暴卒，更一日一夜始苏。视其家，服御之物，止一敝篚，钱不满百，人莫不叹服，此予之亲见也。"地方官的待遇原本就低，万户以上大县的县令每月才二十千，不满三千户的小县仅十千。收入不多，养家之外，他心里想的是更多需要帮助和周济的人，这使他正常的薪俸都没能用在自己身上。而对他人的施舍，却毫不吝惜。亲戚朋友困难，他出手大方。《濂溪先生墓志铭》有云："君奉养至廉，所得俸禄，分给宗族，其余以待宾客。不知者以为好名，君处之裕如也。"

四、四川任上

嘉祐元年（1056），周敦颐四十岁，头衔由"大理寺丞"迁升为"太子中舍签书"。太子中舍签书为东宫之官，东宫另有太子太师、太傅、太保，太子宾客、太子詹事、太子中舍人等官。当时的大理寺丞，有出身的转升殿中丞，无出身的转太子中舍。皇帝御笔钦点，派周敦颐前往合州（今四川合川）任代理判官。合州属潼川府路，辖石照、汉初、巴川、赤水、铜梁五县。徽宗崇宁年间，有 48277 户，人口 84484。当时任大中有《送周茂叔赴合州金判》诗："一帆风雪别南昌，路出涪陵莫恨长。绿水泛莲天与秀，蜀中何处不闻香。"周敦颐这次所任官职全称是"签书判官厅公事"，当时州、府设此官，位次于通判。四年间，他由代理州判做到判官。判官是佐理地方官行使政事的僚属，原本主管审理案件有关文书，斟酌可否，再向上属汇报。但当时合州很可能就没有设通判一职，宋制规定"凡诸州减罢通判处，由升判官为签判以兼之"。周氏本来就是签判，加之办事干练，实为一州真正的主持者。度正说周敦颐在郡四年，人人心悦诚服。大小事务不经过敦颐的手，官吏都不敢定论，就是吩咐下去，百姓也不听从。这一评价反映了两方面的事实，一方面是宋代十分重视监察，中央集权严重，周敦颐的赴任实寓中央调往地方监察之意；另一方面说明他办事能力强，公正果断使人折服。

然而宵小妒贤，也许就是周敦颐在官府总理诸多事务，有人向前往考察的御史赵清献告发他，引起了赵清献的误解。赵清献是号，名抃，字阅道，浙江衢州人。景祐年间进士，任殿中侍御史时，弹劾不避权贵，人称铁面御史。赵氏以为周敦颐是个独断专行的小人。赵清献对待君子和小人的态度是："小人虽有小过，当力遏而绝之；君子不幸诖误，当保全爱惜，以成就其德。"赵清献任转运使，是周敦颐的顶头上司。因为听信谗言对周敦颐有了不好的印象，自然是处处待之甚严"力遏而绝之"，用今天的话来说，就是给周敦颐"小鞋"穿。但胸中洒落的周敦颐并不在意，后来赵清献查明真相，两人成为挚友。

那时，合州虽然已有几万户人家，却没有一所州办书院，读书人不多。周敦颐决定把州学办起来，改变合州文化落后的状况。合州城外嘉陵江东岸有一座山，名叫学士山，地处嘉、涪、渠三江汇合处——合州从民国起更名为合川也据此而来。由山顶往山下望去，江水悠悠，白帆点点，风景宜人。周敦颐心想：这真是个读书的好地方啊，要是能把州学办在这里就好了。一打听，原来这是合州大乡绅张宗范的私家花园。他决定登门拜访，与张宗范共商州学之事。张宗范十分崇敬周敦颐的学识和人品，爽快地答应了他的请求，把整座花园无偿捐献出来。州学办起来后，周敦颐邀请名士张宗范主持学政，广招学生千余人，不论贫穷富贵，只要天资聪慧，都一一收录。他又遍请天下文人学士前来讲学，大文学家苏洵、苏轼、苏辙等都曾应邀前来。合州学子读书蔚然成风，人才辈出，每年都考取一两个进士，合州州学声名大振。张宗范也由地方乡绅一下变成了开明绅士，成为北宋乡绅的楷模。张宗范感到十分自豪，请来能工巧匠，在山顶修筑了一座八角亭，本想请周敦颐题写匾额"八角亭"，周敦颐却挥毫写就"养心亭"三字，书毕，意味深长地解释："人，贵在养心也。"

后来，周敦颐作了一篇《养心亭说》寄给张宗范刻于亭内。其文云：

孟子曰："养心莫善于寡欲。其为人也寡欲，虽有不存焉者寡矣；其为人也多欲，虽有存焉者寡矣。"予谓养心不止于寡而存耳，盖寡焉以至于无。无则诚立明通。诚立，贤也；明通，圣矣。是圣贤非性生，必养心而至之。养心之善有大焉如此，存乎其人而已。

周敦颐仕蜀，自然与蜀中文人有所交游往来。当时乡贡之士，闻周子学识，多来问学。蜀中从周学者甚众，著名的有遂宁傅耆。傅耆，字伯成（一作伯寿），少励志学古，登嘉祐六年进士，累官至知汉州。傅氏经人介绍，曾面谒敦颐，并与敦颐长期保持书信往来，相与讨论学术问题，两人结成忘年之交。

比外，周敦颐在合州还与阆州蒲宗孟有交往，两人由朋友发展为姻亲。嘉祐四年，蒲宗孟泛历蜀江，道经合阳初见周敦颐，相与款语连三日夜，对周敦颐非常欣赏。蒲氏退而叹曰："世有斯人欤！真吾妹之敌也。"遂嫁其妹为敦颐继室。此后两人一直都是要好的朋友，有诗唱和。周敦颐后寄诗一轴予蒲，蒲答诗十首。蒲宗孟在周敦颐故后还为之作墓碣铭。眉山苏轼虽不曾拜周敦颐为师，但尊仰其人，并与其次子周焘有交往。黄宗羲称苏轼为周敦颐"私淑"，即私下敬慕效仿而未直接拜师得到传授。

嘉祐五年，周敦颐结识了赤水县令费琦，二人皆有山水之趣，因而相得甚欢。他们同游龙多山，题诗刻石，交互唱和。龙多山在合州西北，海拔八百多米，山势挺拔峻秀，峰峦起伏，宛若飞龙，还是道教圣地。周敦颐《游赤水县龙多山书仙台观壁》云："到官处处须寻胜，惟此合阳无胜寻。赤水有山仙甚古，攀跻聊足到官心。"《喜同费君长官游》曰："寻山寻水侣尤难，爱利爱名心少闲。此亦有君吾甚乐，不辞高远共跻攀。"费琦和诗云："千生癖爱林泉趣，名利萦人未许闲"，"游遍徒忘名宦意"。

就在嘉祐五年，周敦颐四川任满，离蜀进京。四川铜梁县令吕陶作《送周茂叔殿丞序》对周敦颐人品大加赞赏。其文云："君子能信道，不能必信于人；能自知，不能必知于人。得乎中不夺于外，环视天下，而轻重在矣。死生贵贱，否泰休戚，未尝少牵其思索，以庚其趣尚，故能也。人之分，睽于义利取舍，好恶交攻，竞骛而莫知合于至当，故不能也……盖圣人之待天下，必推之以至公而教存焉。然则道人之善，而有警于世，非佞也，公天下而为言也。舂陵周茂叔，志清而才醇，行敏而学博，读《易》《春秋》探其源。其文简洁有制，其政抚而不柔。与人交，平居泛爱。及其判忠谀、拯忧患，虽贲育之士莫亢其勇。滀之深，流必长；趋之端，适必远。广而充之，斯民有望焉。然而常自诵曰：'俯仰不怍，用舍惟道。行将遁去山林，以全吾思。'"

五、三入江西

周敦颐回京后的第一件事就是拜访新登进士傅耆。见面前，周敦颐郑重其事在名刺上写着："从表殿中丞前合州从事周某，专谒贺新恩先辈傅弟，三月十二日手谒。"

这期间《濂溪先生年谱》提到周敦颐回京与王安石相遇一事。在江东任提点刑狱的王安石，这年五月五日被召入京任三司度支判官，比周敦颐早一个月到京。此前因上仁宗皇帝万言书不被采纳，王安石心情非常苦闷，听说周敦颐回京，就前去造访。度正记载："先生东归时，王荆公安石年四十，提点江东刑狱，与先生相遇，语连日夜。安石退而精思，至忘寝食。"二十多年前，周敦颐还在鹤林寺守丧时，王安石就有求见意向，只是事不凑巧，"足三及门而不得见"。这时相见，两人思想较以往都成熟了许多。

嘉祐六年（1061），周敦颐得国子博士头衔，由开封前往虔州任通判之职，三入江西。国子博士即国子监博士，当时京官殿中丞，有出身的升太常博士，无出身的升国子监博士。通判一职宋初始于诸州府设置，即与长官一起共同处理政务之意，地位略次于州府长官。州府政务、兵民、钱谷、户口、赋役、狱讼以及上报下发文书都要由知州和通判共同签署方能生效。虔州（今江西赣州）在江西南部，是个空前大郡，崇宁时期有272432户，人口702127，超过了京城所在的开封府。虔州下辖赣县、虔化、兴国、信丰、雩都、会昌、瑞金、石城、安远、龙南十县。虔州离周敦颐曾经就任司理参军的南安军不远，也是军政要地，向为难治之州。

周敦颐上任取道九江庐山，见庐山风景之美，不禁回忆起道州濂溪的山山水水，故里一别，整整三十个春秋啊！这一联想使他产生了卜居庐山之意，因筑濂溪书堂于庐山之麓。离书堂不远处有个莲花洞，洞门高约三米，藤蔓交荫，昼日常黯，洞内寒风外袭，夏日凉爽宜人。水源自洞中出，流过濂溪书堂前。他很喜欢这里的溪水，像小孩一样在溪水中捉鱼摸虾，洗澡嬉耍，并将此溪命名为濂溪，还和朋友潘兴嗣相约，以后在此咏歌赋诗。周敦颐所居的书堂，靠近道教圣地太平观，佛教圣地东林寺、西林寺，还有名士陶渊明的故乡柴桑鹿子坂。周敦颐退休后也不寂寞，除了游览庐山胜境之外，还可以经常和当地的名士、僧俗、道人来往。晋东林寺的慧远和尚曾和十八高贤结为白莲社，他就找归宗寺的文祥和尚等结为青松社。东林寺有虎溪和虎溪桥，他就将归宗寺前的溪流取名为莺溪，建桥于其上，名莺桥。周家在山北，归宗寺在山南，他有意与青松社的社友谈诗论文，欢度晚年。

潘兴嗣在《濂溪先生墓志铭》中有关于周氏当日言论，如"可止可仕，古人无所必……此濂溪者，异时与子相从于其上，歌咏先王之道，足矣"，反映出周敦颐早就有归隐的思想。从南昌暴病前来料理后事的是潘兴嗣，这次熟知卜居终老之地在庐山的是潘兴嗣，周敦颐病故后其子又请铭于潘兴嗣，足见潘兴嗣是周敦颐的知己。二人有诗酬唱，虽然周诗不存，但潘诗仍存四首。如《题濂溪》："窅然忘得丧，形骸与天偶。君怀康济术，休光动林薮。得非仕智乐，凤分已天有。斫鼻固未免，安能混真守。归来治三径，浩歌同五柳。皎皎谷中士，愿言与君寿。殷勤复恳恻，杂佩贻琼玖。日暮车马徒，桥横莫回首。"浩歌同五柳的想法，在当时也许鲜为人知。

周敦颐这次去虔州，顶头上司是早已谋面的赵清献。这次周敦颐一到虔州，赵清献就热情迎接。赵清献比周敦颐大九岁。赵清献钦佩周敦颐"胸怀洒落，如光风霁月"的风范，周敦颐则敬重赵清献"刚直不阿，铁面无私"之秉性。赵清献对周敦颐的到来，热情有加。

赵清献与周敦颐一样也是一位有学问并注重教化的人，两人主治一州，志同道合。《赣县志》载："嘉祐六年，知府赵清献、通判周敦颐在赣水东玉虚观讲学。"赵清献到虔州后，和周敦颐一起创立"清溪书院"，并在书院传道授业，当地士子负笈前往，孔孟之道，心性之学，惠及边鄙。清同治《赣县志》载：清溪书院为"清献赵公与濂溪周子讲学处"。清溪书院即后来的赣州濂溪书院的前身，地址在赣州市东玉虚观左。

不久，赵清献被征召回开封充侍御史知杂事。临别之际，两人互有诗相赠。

周敦颐送别赵清献后，就兼管虔州一地政务。嘉祐八年，他和余杭（今杭州）的钱建侯拓，四明的沈希颜，到于都的罗田崖游览。罗田崖在于都县城南约三公里处，面积一万余平方米，这里四面环山，树木古老苍郁，怪石林立，地静境幽，峭壁半崖中建有"华严禅院"。应长老的要求周敦颐等在此题名赋诗。其诗云："闻有山岩即去寻，亦跻云外入松阴；虽然未是洞中境，且异人间名利心。"后于都县令沈公在罗田崖建濂阁于山顶。有高山仰止亭。

这年五月，又一个荷花盛开的时节，周敦颐写下了千古佳作《爱莲说》：

> 水陆草木之花，可爱者甚蕃。晋陶渊明独爱菊。自李唐来，世人甚爱牡丹。予独爱莲之出淤泥而不染，濯清涟而不妖，中通外直，不蔓不枝，香远益清，亭亭净植，可远观而不可亵玩焉。予谓菊，花之隐逸者也；牡丹，花之富贵者也；莲，花之君子者也。噫！菊之爱，陶后鲜有闻；莲之爱，同予者何人？牡丹之爱，宜乎众矣。

短短二百余字的篇幅，字字珠玑，意蕴深刻，寄喻了周敦颐的品格情怀。就在写《爱莲说》的前一年，周敦颐的次子出生，长子才六岁，筑濂溪书堂已经花光了他的全部积蓄，官俸微薄，仅供维持一家人的生计，生活的清苦，可想而知。美文当时就刻石流传，有附记说"舂陵周惇实撰，四明沈希颜书，太原王抟篆额。嘉祐八年五月十五日江东钱拓上石"。

周敦颐这次通判虔州还结识了曾准。曾准，字子中，虔州府赣县（今赣州市）人，曾任集庆军节度推官、蓝田知县等职，生有四子，均为一代名士。曾准刻苦好学，才华横溢。周敦颐在虔州任上，闻其名，遂与之交往。周敦颐对他不仅多有奖掖嘉勉，而且成为其知己，《赣州府志》称他俩"深相契合"。曾准父子受到周敦颐的影响，学业大进，嘉祐八年曾准考中进士。后来四个儿子曾弼、曾懋、曾开、曾几，陆续成为进士，周敦颐称他父子五人均是"文学之士"。尤其是小儿子曾几，南宋"中兴四大诗人"中的陆游、范成大、杨万里，均师从过曾几，尤为陆游敬重。曾几病逝后，陆游为之撰写墓志铭，在上饶建两祠祭祀。其三子曾开，对周敦颐的理学深有研究，他为历阳（今安徽省和县）守时，曾师从程门四大弟子之一的著名理学家游酢，日读《论语》和周子的著作，史书称他是"求诸言而不得，则反求诸心，每有会意，欣意忘食"。《宋史》认为他"立朝遇事，临大节不可夺，师友渊源，固有所自"。

六、屈谪湖南

宋英宗治平元年（1064）冬，虔州民间失火，赤焰张天，浓烟盖地，烈火窜行而势不可遏，接连焚毁房屋千余家。周敦颐被朝廷传文移调较小又较偏僻的湖南永州，结束了他在虔州的四年宦途和理学传习生涯。虔州失火时周敦颐正外出在各县巡视，本无直接责任；但他认为毕竟不幸发生在自己治域范围内，难辞其咎，因而也不为自己开脱申辩，甘受责罚。好在朝廷中有人了解实情，并没有革除他的职务。这次调动虽带有惩罚性质，但离家乡道州却近了些。永州，治所在今湖南省永州市零陵区，辖零陵、祁阳、安东三县，属荆湖南路，与道州毗邻。崇宁年间有 89387 户，人口 243322。道州治所在今湖南道县，辖营道、江华、宁远、永明四县，崇宁间有 41535 户，人口 86553。当时周敦颐的一些同僚朋友都为他鸣不平且多加劝勉，程师孟有诗给他送行。诗曰："移官远过耒阳西，好景重重合尽题。永水自然胜赣水，浯溪应不让濂溪。沙头候吏瞻旗脚，境上乡人待马蹄。曾是忠贤流落处，至今兰芷尚萋萋。"其诗用了许多宽慰话语，情真意切，怜惜和激励之情溢于言表。

从虔州西行到永州不到六百公里，按正常情况一个月内到达是不成问题的，但这次周敦颐却用了将近一年时间。他于治平二年三月向北取道江州，也就是今江西九江市。同画家宋复古一道游览庐山香炉峰顶的大林寺，写下了《游大林》：

　　三月山房暖，林花互照明。

　　路盘层岭上，人在半空行。

　　水色云含白，禽声谷应清。

　　天风拂襟袂，缥缈觉身轻。

情感闲适自得，神清气爽，如入仙境。接着又在自己濂溪书堂小住半年时间，再往北行。小住期间，江南西路转运使李大临前来拜访，有诗云："檐前翠霭迫庐山，门掩寒流尽日闲。"心静境幽，与大自然融为一体。这时，赵清献任成都尹，听到周敦颐从虔州调往永州，有《寄永州通判周茂叔虞部》："君去濂溪湖外行，倅藩仍喜便乡程。九疑南向参空碧，二水秋临彻底清。诗笔不闲真吏隐，讼庭无事洽民情。霜鸿只到衡阳转，远绪凭谁数寄声。"赵诗既有对周敦颐归乡近家的慰藉，又有对他去边就远的怜惜。诗名中永州通判是周氏新任官职；虞部即虞部员外郎，是周敦颐的京官头衔。其实，在周敦颐将近一年的长途旅行中，朝廷在圜丘大祭天地，他的京官名号又得到一次升迁，由虞部员外郎升为比部员外郎。因为宋代员外郎的升迁是按水部、司门、库部、虞部、比部、驾部、屯田、都官、职方依次晋阶的，其中有出身的自屯田员外郎起，无出身的自虞部起，因罪叙复的自水部起。周敦颐由虞部起，这次已经晋升到了员外郎的第五等。他十二月才抵达武昌，在此期间有诗一轴寄蒲宗孟。绕了一大圈，除夕才到达永州。

周敦颐到达永州的第一件事，就是给家乡父老写信，告诉他们，来年春天回家拜望。这大约是离家乡道州更近的缘故。

侄儿周仲章来州衙探望，捎回《任所寄乡关故旧》七律一首，其诗云：

> 老子生来骨性寒，宦情不改旧儒酸。
>
> 停杯厌饮香醪水，举箸半餐淡菜盘。
>
> 事冗不知精力倦，官清赢得梦魂安。
>
> 故人欲问吾何况，为道春陵只一般。

这首诗是周敦颐五十岁时写的，以"老子"开篇，一定是有感而发。永州边远落后，所受教化甚少。周敦颐在外为官克勤克俭，所得俸禄，分给宗族，其余以待宾客。但这种情况除常有往来的好友知道外，家乡父老明白吗？或以为在外为官的老爷，是有用不完的钱才出手这么大方，或以为为官的是熟人，就可以无法无天，大胆枉法去追名求利了。所以，周敦颐不得已写诗寄给家乡族人以自陈。从诗中可以看出，他虽然做官多年，并未改变自己的儒士本性和对圣人之道的执着追求，一直过着亦官亦儒的清贫生活。另外也可看出，周敦颐在物质生活上并不宽裕。

永州岩深树绿春长在，是历代文人遭贬之所。失意之人多寄情山水，在大自然中忘怀得失。周敦颐这次来永州，多少带有贬谪意味，他虽不在意身世沉浮，但一向乐山爱水，有林壑之志。其间，自然少不了观览名胜，留言刻石。治平三年四月六日，与尚书都官郎中知军州事陈澡、郡从事项随、零陵令梁宏巨同游澹山岩。同年十二月十二日又与荆湖南路提典刑狱公事尚书职方郎中程濬、尚书虞部郎中知军州事鞠拯，同游朝阳岩。两处皆有刻石。第二年的三月六日，同乡人蒋瓘区、邻里欧阳丽、理掾陈赓同游含辉洞。三月十三日又和家人一起再游澹山岩，五月七日过洪陵寺，游九龙洞。

治平四年三月，周敦颐带着家人回营道扫墓，看望乡亲。

周敦颐这次回家，似有远离家乡最后诀别的思想准备，很多安排都显示出了这种迹象。他对家中的祖坟、祖业进行了处置，将三十六年前离开家乡时留下的十几亩薄田正式移交给周兴，作为请他常年看守墓地的报酬，还很慎重地通过官府办理了一个类似合同的文书，明确产权和义务。周敦颐全家十三日到达澹山，游澹山岩。十四日以知州鞠拯为首的同僚去澹山迎接，又一同再游澹山岩。从他饱览山川、托付后事这一系列安排也可以看出，周敦颐已经决定不再回营道了。家乡的山水洞岩是值得留恋的，也许世俗工巧的亲友乡邻难为知己。他在永州期间，写了一篇颇有影响的短文《拙赋》：

> 或谓予曰：人谓子拙。予曰：巧，窃所耻也。且患在多巧也，喜而赋之。
>
> 巧者言，拙者默。巧者劳，拙者逸。巧者贼，拙者德。巧者凶，拙者吉。呜呼！天下拙，刑政彻；上安下顺，风清弊绝。

《拙赋》表达的思想内容与道家提倡的弃圣绝智、返璞归真是一脉相承的。周敦颐为人为政，崇拙而去巧，一直老老实实办事，规规矩矩做人。他向往上安下顺的人际关系，追慕风清弊绝的社会世态。周敦颐离开后，永州人民深切怀念。继任者在通判厅后刻此赋于石，建立祠堂以纪念，并名之为"康功堂"。郡守胡寅写道："政拙催科永陵守，实赖贤良相可否。邦人复嗣海沂歌，仓廪虽空闾里有。功臣归去朝日边，吏辟虚堂得昼眠。后圃好花初着土，前檐新竹已参天。貔貅未饱军须急，赤子如鱼釜中泣。若知王业在农桑，国势何劳忧岌岌。酒阑四壁读前碑，吏隐犹胜五马随。千古濂溪周别驾，一篇清献锦江诗。"胡氏由为人之拙，联想到为政之拙。拙政虽然官府仓廪不足，但民间富有，这正是周敦颐以民为本的宝贵思想。

在上能主静，不耍巧取豪夺的手段，在下自然风清弊绝，也才会上安下顺。周敦颐自己也有一首五言绝句，反映与《拙赋》类似的思想内容。题为《书春陵门扉》："有风还自掩，无事昼常关。开阖从方便，乾坤在此间。"拙而不工巧，静而不妄动，这就是周敦颐圣贤的风范。

六月十四日，周敦颐写信给侄子仲章，提到"先公加赠官诰，赠谏议大夫"这件家门幸事。其实，周敦颐自己的京官头衔也不断提高。英宗即位，加虞部员外郎；朝廷行合享礼，晋比部员外郎；神宗登极，加封尚书驾部员外郎。五十岁的周敦颐对于自己的荣名利辱已经达观自然、"开阖从方便"了。

这年八月，周敦颐离开永州，去邵州代理知州。邵州治所在今湖南邵阳市，当时辖邵阳、武冈二县。崇宁时有98861户，人口218160。刚到邵州，周敦颐去孔庙拜谒先圣，给他触动很大。邵州州学与孔庙合一，地势低洼潮湿，狭隘压抑，夹在监狱与仓库之间。他立即决定择地迁学，广招生徒讲学兴教。他作了《邵州新迁学释菜祝文》，说："维治平五年，岁次戊申，正月甲戌朔，三日丙子，朝奉郎尚书驾部员外郎通判永州军州兼管内劝农事，权发遣邵州军州事上骑都尉赐绯鱼袋周敦颐，敢昭告于先圣至圣文宣王：惟夫子道高德厚，教化无穷，实与天地参而四时同。上自国都，下及州县，通立庙貌（庙宇及神像）。州守县令，春秋释奠。虽天子之尊，入庙肃恭行礼。其重，诚与天地参焉。儒衣冠学道业者，列室于庙中，朝夕目瞻晬容（温和慈祥的容貌），心慕至德，日蕴月积。几于颜氏之子者有之。得其位，施其道，泽及生民者，代有之。然则夫子之宫可忽欤！而邵置于恶地，掩于衙门，左狱右庾，秽喧历年。敦颐摄守州符，尝拜堂下，惕汗流背，起而议迁。得地东南，高明协卜。用旧增新，不日成就。彩章冕服，俨坐有序，诸生既集，率僚告成。谨以礼币藻苹（藻苹，亦指祭品），式陈明荐，以充国公颜子配。尚飨！"又有《告先师文》："维治平五年，岁次戊申，正月甲戌朔，三日丙子，朝奉郎尚书驾部员外郎通判永州军州兼管内劝农事，权发遣邵州军州事上骑都尉赐绯鱼袋周敦颐，敢昭告于先师充国公颜子：爰以迁修庙学成，恭修释菜于先圣至圣文宣王。惟子睿性通微，实几于圣。明诚道确，夫子称贤。谨以礼币藻苹，式陈明献，从祀配神。尚飨！"

当时荆湖北路转运使孔延之，得知周敦颐邵州迁学的义举后，用热情洋溢的文字写下了《邵州新迁州学记》。孔文说，先王重学，三代为盛，而"周君惇实茂叔，以驾部员外郎、通判永州，来摄邵事。患其学舍弊隘，乃择地于牙门之东南，因故学之材，徙而新之。郡民悦喜，荷锸箪食，来助其役，逾月而成。有殿以事先圣，有堂以集诸生，栖士有斋，藏书有阁。远而望之，俨乎其可观而法也。即而趋之，靓乎其可居而乐也。于是邵之士交相告语，其各奋励修饬，以无负吾周侯教育之意，而为乡闾之羞。呜呼！邵虽小邦，然亦古荆楚之地。左氏所谓梗楠杞梓，名卿之材，多由楚出。夫岂无豪杰之士，可束带而立于朝廷者耶？然而近岁未有显者，非上之罪，乃教化之不素也"。"今周君能知先王之本务，而勇于敢为。邵之士，能知周君之用心，而锐于进学，吾将见才冠天下、名闻京师者，多邵人也。惟在勉之而已。周君好学博通，言行政事，皆本之六经，考之孟子，故其所设施，卓卓如此。异时宋史书周君之善，以为后世法，未必不以邵学为先"。孔氏推尊周敦颐为先圣传人，料定必然名垂千古。孔延之青壮年时几乎没有朋友，但至和元年（1054）周敦颐洪州任上相见后，二人之交二十余年，并把儿子送到周氏门下受业。

七、广东上任

  周敦颐调任湖南，主要是因为虔州失火之事，知情者皆明白这并非他渎职所为，永州、邵州虽然偏远落后，但周氏上任后还是一如既往，热心工作。朝廷又打算把周敦颐调往郴州。这时赵清献在谏院，他与先后做过多年宰相的吕公著一致推荐周敦颐任广南东路（今广东）转运判官。路是地方行政的最高机构。转运判官是路一级的副长官安抚使的下属，负责漕运等事宜。二人荐牍云："臣伏见尚书驾部员外郎、通判永州军事周敦颐，操行清修，才术通敏，凡所临莅，皆有治声。臣今保举，堪充刑狱钱谷繁难任使。如蒙朝廷擢用，后犯正入己赃，臣甘当同罪。其人与臣不是亲戚，谨具状闻，伏候敕旨。"二位对周敦颐的人品已经不是一般的了解，要有充分信任，才会有这样的举荐。赵清献是周敦颐往日的同事，对周敦颐人品自然是非常了解。至于吕公著，后来周敦颐在感谢信中说"在薄宦有四方之游，于高贤无一日之雅"，素不相识的人，能"甘当同罪"，着实难能可贵。说"为公荐贤之心，日月可鉴"。熙宁元年（1068）周敦颐去广南就职，次年正月有端州阳春岩题名，三月有七星岩题名。

  熙宁三年，周敦颐以虞部郎中任广南东路提点刑狱公事。该职主要是掌管辖区的案件复核，以纠正误判，并处理那些长期不能定论的疑难案件，以及外逃犯人的处理。还兼有对官员举荐弹劾的责任。有一次，他寻访到端州，当地人对在任知州杜谘以权谋私极为不满，寄希望于这位新来的提点刑狱。端州因端溪石而得名，端溪之石坚实细润，是做砚池的上等材料。

端溪石砚因发墨而不损毫，为历代文人所宝爱。端州石本是地方物产，当时州官带头开采，上行下效，形成一股与民争利的逆流。百姓无可奈何，把知州杜谘叫作"杜万石"。为官清廉的周敦颐对此深恶痛绝，他上报朝廷，说明与民争利的害处，并请求以中央的名义下发一道禁令：凡是在端州做官的，取砚石不得超过两枚。他的建议得到批准，从制度上进行约束，收效显著，贪风顿息。

周敦颐在广东的时间不长，为了查清案件，他不辞辛劳，踏遍广东的山山水水。他自誓要以求得"一方恩惠尽均匀"为目标。广东人中凡是师从过他的，"皆能因其性之所近，而有所得"。他在广东，先后到过潮州、端州、惠州、肇庆、韶州、南恩州等地。度正在《濂溪先生年谱》中说："先生尽心职事，务在矜恕（怜悯宽恕），以洗冤泽物为己任。虽荒崖绝岛，瘴疠之乡，皆必缓视徐按，不惮劳瘁。故得罪者俱无憾。"勤于调查，实事求是，成为周敦颐办案的一贯作风。他深得岭南人民的敬仰。为了表彰其功德，自南宋以来，"广、惠各郡皆有濂溪先生祠"，不少书院也以濂溪命名。

八、病逝江西

不幸的是，熙宁四年（1071）夏，周敦颐因深入荒崖绝岛、瘴疠之乡而患病，又听说润州母亲的坟墓被水冲击，于是请求调往南康军任知军职事。君子见机，达人知命，他已经感到来日不多了，正有条不紊地走完生命的最后历程。这年八月到南康军上任。南康军与南安军一样，同为下州，北宋时属江南西路，南宋后改属东路，下辖星子、都昌、建昌三县。崇宁

年间有 **70615** 户，人口 **112343**，庐山与鄱阳湖名胜区就在所辖范围内。

同年十二月十六日，周敦颐将母亲郑氏之墓从润州迁往江州德化濂溪书堂附近的三起山。安葬完毕，长叹一声说："勉强支撑病体来到南康，只是为了改迁母葬，难道还要因疾病而愧对这身官袍吗？"于是上交官印，请求离职，主动结束了他三十余年的仕宦生涯。这次在南康任上只有短短几个月，加上重病在身，许多身后琐事要办，在政务上办的事情不会很多，但给当地人民的印象还是非常深刻的。有一首《送永倅周茂叔还居濂溪》诗这样写道："君去何人最泪流，老翁身独倚南州。随君不及秋来雁，直到潇湘水尽头。"虽然他回到的不再是家乡湖南的濂溪，但诗作者还是用"潇湘"二字表达人们常有的落叶归根的愿望。

自从嘉祐六年庐山下构筑濂溪书堂，到这时才有机会定居下来。周敦颐做了一辈子地方官，地位并不显赫，生活也比较清苦，在当时，算是一位清廉正直的中下层官员。他在道德情操和生活作风上，不与世俗同流合污，在精神生活上具有自己的独特性格。他既是一名官吏，又是一位儒师，既自诩为儒学正宗，又兼有佛门风骨和仙道气派。身虽在官，却嗜好山水，讲求清静，常寄情怀于方外。诗人黄庭坚评论他说："茂叔虽仕宦三十年，而平生之志，终在丘壑。"他自己也曾说"俯仰不怍（zuò，惭愧），用舍惟道，行将遁去山林，以全吾志"。从周敦颐筑室庐山等一系列安排，以及"遁去山林，以全吾志"的言论来看，他是希望晚年能够归隐庐山，潜心钻研理学的。他没能像爱菊的陶渊明那样毅然弃官归隐，但不沾官场恶习，以君子节操积极用世，已经难能可贵，而归隐的思想当是在他四十岁左右产生。

从二十四岁初入仕途，到四十岁去偏远的四川合州做判官，写下《吉州彭推官诗序》，他自己"第为善内乐，殊忘官之高卑，齿之壮老"，已经坚持内修，有独善其身的退隐思想。他在四川的诗作《宿山房》中有"久厌尘埃乐静元，俸微犹乏买山钱。徘徊真境不能去，且寄云房一榻眠"。表现出"仕"与"隐"的矛盾冲突。一方面他开始讨厌官场，而留恋山林："久厌尘埃乐静元"，"徘徊真境不能去"；另一方面又顾虑重重，不忍辞官，生活是否有保障，"俸微犹乏买山钱"，"时清终未忍辞官"，认为还是能为国为民办一些实事。他受四川风土人情和当地崇尚道教思想的影响，经常登山访寺，追求大自然的乐趣，以保持宁静平和的心境，达到精神上的超脱。

周敦颐广东染病后，最后的日子是在江西度过的。

熙宁六年六月七日，周敦颐病逝庐山，享年五十七岁。十一月二十一日葬于离家 2.5 公里处的江州（今属江西九江）德化县清泉乡栗树岭下。他母亲仙居县太君，夫人陆氏缙云君，蒲氏德清君皆葬于此。墓前有祠堂三间，室前有池，种植莲花于其中。前有祠门，匾曰：周濂溪先生之墓。有子二人，长子周寿，次子周焘。寿之后迁居江州，焘之后居道州。周敦颐虽然走了，他的道德学问，他的人品正气，依旧感召后人。宋朝以及后代，各朝皇帝对周敦颐作出了越来越高的评价，给予他越来越高的谥号。

嘉定四年（1211）十二月，著作郎李道传因感儒学不传，士气日衰，而向皇上建议，下诏天下，解除对邵雍、二程、张载四子书籍的禁令，并据当时儒家后学的共识，应该正本清源，推崇二程的老师周敦颐，以示学者所宗。这个建议虽然未被采纳，但开了后人尊周的好头。继之有太常少卿徐侨、礼部尚书李埴为周敦颐请求封号。潼川府路提点刑狱魏了翁，对周敦颐推崇备至，于嘉定九年正月上疏宁宗，奏状说："臣窃见故虞部郎中周敦颐，尝为合州签书判官，州事不经其手，吏不敢决；苟下之，民不肯从。蜀之贤人君子莫不喜称之，其流风所渐，迄今未泯，士竞讲学，民知向风，春秋奉尝（犹祭祀），有永勿替。臣始到官，尝遣吏即其祠而用币焉。退复惟念，是特敦颐所以施诸一方，见诸行事之一二耳。盖自周衰，孔、孟氏没，更秦、汉、魏、晋、隋、唐，学者无所宗主，支离泮涣，莫适其归。醇质者滞于呫哔（诵读）训诂，俊爽者溺于记览词章，言理则清虚寂灭之归，论事则功利智术之尚，诬民惑世，至于沦浃肌髓，不可救药。敦颐独奋乎百世之下，穷探造化之赜，建图著书，阐幽抉秘，即斯人日用常行之际，示学者穷理尽性之归，使诵其遗言者始得以晓然于洙泗之正传，而知世之所谓学，非滞于俗师，则沦于异端，盖有不足学者。于是河南程颢、程颐亲得其传，而圣学益以大振。虽三人于时皆不及大用，而其嗣往圣，开来哲，发天理，正人心，使孔孟绝学，独盛于本朝而超出乎百代，功用所系，治理所关，诚为不小。臣愚欲望圣慈先将敦颐特赐美谥。"

宁宗准奏，让太常官议定封号。于嘉定十三年六月二十二日，赐谥号"元"，所以后人亦称之周元公。宁宗还表彰了周敦颐的善行美德，说他博学力行，会道有元，脉络贯通，上接洙泗孔子之学，条理精密，下启河洛二程之思。以元易名，才能使后人知道孟子之后能明圣道的是从周濂溪开始的。

宋淳祐元年（1241）又追封周敦颐"汝南伯"，从祀孔子庙庭。诏书说：朕惟孔子之道，自孟轲后不得其传，至我朝周敦颐，真见实践，深探圣域，千载绝学，始有指归。中兴以来，又得朱熹精思明辨，表里浑融，使《大学》《中庸》《语》《孟》之书，本末洞彻孔子之道，益以大明于世。朕每观儒臣论著，启沃良多。今视学有日，诏令学宫列诸从祀，以示崇奖之意。以帝王的名义给予周敦颐加封，这就大大提高了他的声望。

元延祐六年（1319），仁宗加封周敦颐为"道国公"。诏书说：盖闻孟轲既没，道失其传，孔子言湮，人自为说。谅斯文其未丧，有真儒之间生。濂溪周敦颐，禀元气之至精，绍绝学于独得，图太极而妙于万化，著《通书》而同归一诚，俾圣学灿然复明，其休功尚垂不泯。朕守继体，贵德尊贤，追念前修，聿稽彝典，已从庙庭之祀，盍疏邦国之封于霁月光风，想清规之如在玄衮、赤芾，翼宠命之斯承。

明朝也十分褒崇圣贤，优恤子孙。正统元年（1436）七月十七日，顺天府推官徐郁建议崇尚圣贤之道推恩及其子孙：国公周敦颐，上继往圣，下开来学，有功圣门，后世是赖。"照例优免差役"，"子孙令于所在儒学习业，择其才质可用者量加甄录"。景泰六年（1455）十一月，礼部司礼监太监王诚传奉圣旨，周濂溪有功于世教，着礼部取他嫡长子孙一人来京传奉到部。湖广永州府道州，起送周濂溪嫡长子孙周冕到部。景泰七年五月二十二日，将周冕填注翰林院世袭五经博士。

第 3 章

倾心教育　循循善诱

　　周敦颐一辈子的职场生涯，基本是在任州县地方官吏中度过的，主要工作是从事司法案件的审理。与此同时，每到一处他又兴学办教，为教育事业倾注了毕生心血，作出了影响深远的贡献。其贡献主要体现在三个方面：有"二程"这样杰出的弟子；举办书院、官学，大兴讲学之风；著书立说传播其教育思想以佳惠后学。

一、与"二程"

　　"学之兴于宋也，周子得二程子而道著。"这是明清之际思想家王夫之对周敦颐与二程师徒关系的简要评点。就是说周敦颐开有宋一代道学研究的风气，而他的弟子程颢、程颐又将其学说发扬光大，直到成为当时的统治意识形态。道学是周敦颐与"二程"授受的核心内容，提到周、程关系，不能不对道学有个基本了解。"道学"这个名称北宋有之，元祐二年（1087）程颐《又上太皇太后书》曰："陛下圣明，不喜浅近，亦将勉思义理，不敢任其卑俗之见，惧获鄙于圣鉴矣。诚如是则将见道学日明，至言日进，弊风日革。"道学就是明道之学，又称为理学。道本来指所走的路，理本来指玉石的纹理；沿着正确的道路走下去才能通达，沿着纹理雕刻才不至于毁坏玉石，才能成器。后来道和理都引申指规律。道学、理学也就指研究宇宙人生规律的学问。这两个名称看起来很笼统，主要原因是它本身所包含的内容庞杂，有很多分支。就宋初庆历至熙宁二三十年间而论，已先后形成了以周敦颐为代表的"濂学"，以张载为代表的"关学"，以王安石为代表的"新学"，以二程为代表的"洛学"和以苏轼为代表的"蜀学"。几个派别并立的时间不长，终归为以二程为代表的学说成为主流。到南宋，朱熹、陆九渊是其传人。到明代，又有王守仁。

宋明理学以探讨"道体"为核心，也就是探讨自然现象、社会现象之上的那个起决定作用的本体，是这个本体，规定了自然社会演绎变化的进程。探讨"道体"的活动是宋明理学的精髓，谓之"穷理"。穷理就是弄清楚事物之所以。穷理明道的途径则以"去人欲"为功夫。一切自然之理即所谓天理天道，都表现为真善美、光明正大，而与之对立的假恶丑都被看成是人欲。当然，不加区别地将人欲看成是不合理的东西是失之偏颇的。理学家把齐家、治国、平天下等儒学积极入世的追求当成义不容辞的责任，这种自强不息的敬业精神从周敦颐的仕宦生涯可以感知得到。他们把成"圣"作为追求的目标，通过为学、修德达到具有圣贤气象的内心境界。周敦颐被朱熹推尊为理学开山，主要是指周敦颐作出了以下贡献：首先是以儒家理论为核心，吸收佛、道对宇宙生成模式的认识成果，援佛、道入儒，拓展了理学家的思想领域。这一点也与当时中央集权大一统制度相适应。其次是融会《周易》《中庸》以及道佛思想，提出宇宙人生的发展模式，并用"无极""道""太极""动静""诚"等一系列概念进行描述。因此，周敦颐被追认为道学宗主，理学开山。

周敦颐之于理学身体力行，度已也度人。理学家要治国平天下就离不开遍施教化，聚徒讲学成了他们职事之余的要务。在周氏门生中，最有成就的莫过于程颢、程颐了。二程师从周敦颐，历史有明确的记载。庆历六年（1046），二程之父程珦任兴国知县，代理南安军副职，程颢、程颐也随父前往，二程就是这个时期拜周敦颐为师的。

讲周敦颐与二程的师生关系时，有一种现象必须提及，这就是二程学业有成后，他们很少直接讲自己与周敦颐的这层关系。这是很奇怪的。按说，周敦颐大名鼎鼎，有这样的一位老师，原本是很光耀的事，可二程却极少提及。以至于全祖望《濂溪学案序录》得出"其后伊洛（二程）所学，实不由濂溪"的错误结论。要弄清周、程师徒关系到后来为什么反而隐晦不明的原因，得从北宋政治背景及他们不同的学术取向说起。

首先，从政治层面上讲，二程旗帜鲜明地反对王安石的新法，而周敦颐则态度暧昧。王安石变法使当时的学界分成两派：赞成派和反对派。二程态度激进，不愿意承认自己有周敦颐这样的老师。

其次，从学术思想层面上看，周敦颐儒道互补思想突出，他融合儒道，旨在从宇宙论的角度为封建伦理道德规范奠定理论基础，而二程则是把封建伦理道德规范纳入孔孟的心性系统，罕言"天地万物之理以及六合之外"之事。翻阅史料可知，二程明明知道周敦颐《太极图》之"道"，但却很少论及，主要是由于学理上的路数不同。

再次，从个人生活态度上看。周敦颐"常以仙翁隐者自许"，喜好山水之乐，且多方外之交，不仅与道士有往来，而且与禅师亦有交往，心态很开阔，而二程却俨然一副儒者样子，一举一动坚守礼仪，极端排斥佛道，门户壁垒森严。

最后，从修养方法上看。周敦颐认为"无欲故静"，提倡主静的修养功夫，而二程则强调主敬，提倡由"敬"和"定"来达到修养之效，认为主静"便入于释氏之说"，故持反对态度。

以上便是二程很少直接提及他们与周敦颐师生关系的主要原因。但二程师事过周敦颐，并终身受其影响，是一个不争的事实。二程首次拜见周敦颐是在庆历六年周敦颐在南安军司理任上，当时大程十五岁，小程十四岁。到元丰二年（1079），也就是三十多年后，程氏门人吕大临《东见录》记载："（二程）昔受学于周茂叔，每令寻颜子、仲尼乐处，所乐何事。"说明师从茂叔并非少年尝游而已，二程中年以后一直心存少年受学之事。少年受学周敦颐也成了二程一生中的大事，元丰八年程颢去世，弟弟程颐给他做的《行状》提到"先生为学，自十五六时，闻汝南周茂叔论道，遂厌科举之业，慨然有求道之志"。至于程颐，朱熹编定《伊川先生年谱》云："（程颐）年十四五，与明道同受学于舂陵周茂叔先生。"从庆历七年到皇祐元年，周敦颐不再在南安，而是到郴州任郴县令。从赣西来到湘东，两地相距不远。这期间二程依旧有受学茂叔的记录。《程氏遗书》卷二十二记载，程颐"尝见李初平问周茂叔，某欲读书如何"。李初平就是当时郴州郡守，见周敦颐在郴州讲学，也有求学之志，程颐能见，说明亦在受学之列。《程氏遗书》卷七记载，程颢十六七岁时，认为自己虽然曾经喜欢打猎，但现在没有这个嗜好了。周茂叔则认为不能这样轻易给自己下结论，只是这种爱好潜藏罢了，一旦萌发还会和从前一样喜欢的。十二年以后的一个傍晚，程颢在回家的路上看到别人打猎，心里又产生了畋猎的欲望。程颢与周敦颐讨论打猎爱好是十六七岁，那时周敦颐也到了郴州任上。可见，二程随师往郴求学之不误。

从行踪看，二程与周敦颐郴州别后，没有直接从学的机缘。但周敦颐对二程的影响则多处可见。程颢曾经说："自再见茂叔，吟风弄月以归，有吾与点也之意。"所谓"吾与点也"的典故，出自《论语·先进》。有一天，孔子门生子路、曾皙、冉有、公西华四人与孔子坐在一起讨论人生理想。子路、冉有、公西华的志向都是希望在政治上有所作为。只有曾皙说，他的志向与他们三人的不同："暮春者，春服既成，冠者五六人，童子六七人，浴于沂，风乎舞雩，咏而归。"孔子很欣赏他的这种淡泊的理想，说"吾与点也"，"点"是曾皙的名。孔子赞赏曾皙的这种态度，正好反映了他们师生向往那种天人合一、寡欲少求的人生理想境界。二程兄弟自从在郴州之地"再见"周敦颐之后，从老师那里学到了"吟风弄月以归"的人生理想境界。这种天人合一的人生境界就鲜明地表现在程颢的《偶成》一诗之中："云淡风轻近午天，望花随柳过前川。旁人不识予心乐，将谓偷闲学少年。"云淡风轻，柳过川前，自然与人心交融。

周敦颐的主要著作是《太极图说》与《通书》，其流传亦与程门有关，其内容为程氏吸收。《太极图说》的渊源，朱震《进周易表》中认为是陈抟传《先天图》于种放，放传穆修，修传李之才，才传邵雍；穆修传《太极图》于周敦颐，颐传程颢、程颐。这一传承线索虽然没能从周、程留下的材料中直接得到说明，但祁宽《通书后跋》中说周子《通书》（《太极图说》仅二百四十九字，一般随《通书》刊印）"始出于程门侯

041

师圣，传之荆门高元举、朱子发。宽初得于高，后得于朱，又后得和靖尹先生所藏，亦云得之程氏，今传是也"。二程早年师从周氏，终生不忘；周氏著作又从程门而出，对周氏学说二程当是熟悉的。二程著作亦有与周氏学说内容相通者。程颐十八岁游太学，胡瑗出了一道考题，他即作《颜子所好何学论》：圣人之门，其徒三千，独称颜子为好学。夫诗书六艺三千子非不习而通也，然则颜子所好者何学也？学以至圣人之道也。圣人可学而至欤？曰：然。学之道如何？曰：天地储精，得五行之秀者为人。其本也贞而静，其未发也五性具焉，曰仁义礼智信。形既生矣，外物触其形而动于中矣。其中动而七情出焉，曰喜怒哀乐爱恶欲。情既炽而益荡，其性凿矣。是故觉者约其情，使合于中，正其心，养其性，故曰性其情；愚者则不知制之，纵其情而至于邪僻，梏其性而亡之，故曰情其性。凡学之道，正其心，养其性而已。中正而诚则圣矣。君子之学必先明诸心，知所养，然后力行以求其至，所谓自明而诚也。故学必尽其心，尽其心则知其性，知其性反而诚之，圣人也。故《洪范》曰：思曰睿，睿作圣。诚之之道，在乎信道笃。信道笃则行之果，行之果则守之固，仁义忠信不离于心。造次必于是，颠沛必于是，出处语默必于是。久而弗失，则居之安，动容周旋中礼而邪僻之心无自生矣。故颜子所事则曰：非礼勿视，非礼勿听，非礼勿言，非礼勿动。仲尼称之，则曰"得一善则拳拳服膺而勿失之矣"。又曰"不迁怒，不贰过，有不善未尝不知，知之未尝复行也"。此其好之之笃，学之之道也。视听言动皆礼矣，所异于圣人者。盖圣人则不思而得，不勉而中，从容中道，颜子则必思而后得，必勉而后中，故曰：颜子之与圣人，相去一息。孟子曰：充实而有光辉之谓大，大而化之之谓圣，圣而不可知之谓神。颜子之德，可谓充实而有光辉矣。所未至者，守之也，非化之也。以其好学之心，假之以年，则不日而化矣。故仲尼曰"不幸短命死矣"，盖伤其不得至于圣人也。所谓化之者，入于神而自然。不思而得，不勉而中之谓也。孔子曰，七十而从心所欲不逾矩是也。或曰圣人生而知之者也，今谓可学而至，岂有稽乎？曰：然。孟子曰，尧舜性之也，汤武反之也。性之者生而知之者也，反之者学而知之者也。后人不达，以为圣本生知，非学可至，而为学之道遂失。不求诸己而求诸外，以博闻强记，巧文丽词为工。荣华其言，鲜有至于道者，则今之学与颜子所好异矣。

由于在此之前，程颐已经从周敦颐那里学到了"颜子所乐为何事"，所以写这篇文章得心应手，特别有心得，使胡氏看了之后"大惊"。对于这个奥秘，刘宗周是看破了的，所以他说此文是"伊川得统于濂溪处"。在这篇文章开头，程氏指出："圣人之门，其徒三千，独称颜子为好学。夫诗书六艺三千子非不习而通也，然则颜子所独好者何学也？学以至圣人之道也。"所谓"独好"者，当然也就是"独乐"者。颜子之所以能够坚持箪食瓢饮，在艰苦环境下不改其乐，正是因为他的内心始终存在着学以至圣人之道的崇高理想。再如，程颢熙宁元年（1068）作《程邵公墓志》云："夫动静者，阴阳之本。况五气交运，则益参差不齐矣。赋生之类，宜其杂揉者众，而精一者间或值焉"；熙宁七年作《李仲通墓志铭》中说"二气运兮，五行顺施。刚柔杂揉兮，美恶不齐。禀生之类兮，偏驳其宜。有钟粹美兮，会元之期。圣虽可学兮，所贵者资"。这一《志》一《铭》，本是记人之行，却能融天地造化为一体，又都与《太极图说》中的刚柔动静，阴阳五行化生万物，人得其秀而最灵的观点一脉相承。《程氏粹言》说："子谓门弟子曰：'惜吾受《易》于周子，使吾求仲尼、颜子之所乐。要哉！此言，二三子志之！'"二程教导弟子时，也把自己当初受学加以讲述，认为这是很精要的内容。

周敦颐教导二程的首要内容，也是二程继承周敦颐学问之最显著的方面，就是"孔颜乐处"。孔颜乐处是什么意思呢？前《颜子所好何学论》已经有所涉及。周敦颐《通书》有尊推孔颜的相关篇目《志学》《颜子》《圣蕴》《孔子》等有所阐述。如《通书·颜子》章说："颜子一箪食，一瓢饮，在陋巷，人不堪其忧，而不改其乐。夫富贵，人所爱也。颜子不爱不求而乐乎贫者，独何心哉？天地间有至贵至爱可求而异乎彼者，见其大而忘其小焉耳。见其大则心泰，心泰则无不足，无不足则富贵贫贱，处之一也。处之一则能化而齐，故颜子亚圣。"周敦颐虽然讲颜子所乐者为"大"，但这个"大"的具体内容是什么，他并没有说。所以，对于颜子"所乐何事"这个问题，还需要具体进行探讨。程颐曾经明确表示，颜子所乐的这个"事"不是一般的"道"。《宋元学案·伊川学案》附录中记载："鲜于侁问：'颜子在陋巷，不改其乐，不知所乐者何事？'先生曰：'寻常道颜子所乐者何？'侁曰：'不过是说所乐者道。'先生曰：'若有道可乐，便不是颜子。'"颜子追求的是成为圣贤之道，以内圣外王为目标。以士希贤，贤希圣，圣希天之精神境界，为进取的方向，从而达到见大而心泰，心泰而无不足的平和心态。达到这种心境后也就有了精神上的愉悦，不论是处于贫贱还是富贵都一个样。对周敦颐教导的孔颜乐处，程颐很早就能心领神会，前面提到他的应试之作《颜子所好何学论》就有很深刻的认识。二程也将此行奉终身，他们强调"学至涵养其所得而至于乐，则清明高远"。程颐晚年更趋和易，气貌容色皆胜平日。在宋代人们就已经认识到孔颜乐处是二程之于濂溪口传心授的亲切处。

周敦颐的天人合一人生理想境界，还体现在他爱护自然环境，乐观生物气象的"顺化"思想，这一思想亦为二程所继承。《通书·顺化》中说："天以阳生万物，以阴成万物。生，仁也；成，义也。故圣人在上，以仁育万物，以义正万民。天道行而万物顺，圣德修而万民化。大顺大化，不见其迹，莫知其然，之谓神。"这种"顺化"的态度，在实际生活中，就表现为爱护自然生物，注意顺应自然。《二程集》中所记二程语录中就有"周茂叔窗前草不除去，问之，云：'与自家意思一般。'（子厚观驴鸣，亦谓如此。）又说：'观天地生物气象。'"周敦颐的这种态度，也影响了二程兄弟。《宋元学案·明道学案》就曾记载张横浦（九成）说的程颢爱护生物的一些情况："明道书窗前有茂草覆砌，或劝之芟，曰：'不可！欲常见造物生意。'又置盆池畜小鱼数尾，时时观之，或问其故，曰：'欲观万物自得意。'草之与鱼，人所共见，唯明道见草则知生意，见鱼则知自得意，此岂流俗之见可同日而语！"程颢还说，天地之大德曰生，万物之生意最可观，人与天地都一样，不过是其中之一，怎么能小看他类呢？二程还将周氏的观生物气象上升到"仁"的高度，只有做到"仁"才能天人合一，才能浑然与物同体，也才能做到通。程颢用了一个很好的比喻来说明"仁"。他说："医书言手足痿痹为不仁，此言最善名状。仁者以天地万物为一体，莫非己也。认得为己，何所不至？若不有诸己，自不与己相干。如手足不仁，气已不贯，皆不属己。令如是观仁，可得仁之体。"程颐也有类似的言行。据《宋元学案·伊川学案》记载："上（指哲宗）在宫中漱水避蚁，先生闻之，问：'有是乎？'曰：'然。诚恐伤之尔！'先生曰：'愿陛下推此心以及四海，则天下幸甚！'一日讲罢未退，上折柳枝，先生进曰：'方春发生，不可无故摧折。'"二程的万物生意最可观，见万物皆有春意，与周敦颐的观生物气象，都是通过入静的手段，来达到神识相通，与大化同流。

"周子启程氏兄弟不传之妙，一回万古之明，如日丽天。将为百世之利泽，如水行地。其功盖在孔孟之间矣。"这是宋代人胡宏在周敦颐去世不到百年时给周子著作《通书》作序时，对周程师徒在儒学上贡献的褒扬性总结。

二、办学兴教

自唐末五代以来，学校教育衰微不振。社会动荡是导致学校衰微的重要原因，儒学步入词章之学而导致研习儒家经典价值的降低，也未尝不是一个重要原因。从这个意义上也可以说，"学校之废"和"礼义之衰"互为表里。北宋初年，封建官学衰败的情形依然如故。但是，随着生产关系的变化以及儒学的复兴，自北宋中期后，学校教育迅速得到发展，并达到前所未有的繁荣局面。在北宋学校教育的复兴过程中，一种新的学校教育组织形式——书院，起了开风气之先的作用。

"书院"之名起源甚早，而作为私人教育机构出现，可能也早于宋代。但是，其大力推动封建教育的发展，却是从宋代开始的。北宋最著名的书院，有所谓宋初四大书院，吕祖谦在《白鹿洞书院记》中说："国初，斯民新脱五季锋镝之厄，学者尚寡，海内向平，文风日起，先儒往往依山林即闲旷以讲授，大师多至数十百人，嵩阳、岳麓、睢阳及是洞（白鹿洞）为尤著，今所谓四书院者也。"

前述周敦颐三十余年的宦海生涯中，我们已经感受到他在为官的同时，用极大的热情投入兴教办学的千秋伟业之中，在后来的书院、教育史上留下了光辉的篇章。周敦颐一面做官，一面潜心于儒家学说的创新和教授，他既是一个官员，又是一位出色的教育工作者。据度正《濂溪先生年谱》说，周敦颐在郴县为县令时，"至县，首修学校，以教人"；在合州五年，与士大夫广为交结，"士之从学者甚众"。在邵州代理知州时，更是大开讲学之风。当时的荆湖北路转运史孔延之在《邵州新迁学记》中赞颂他说："周君好学博通，言行政事，皆本之六经，考之孟子，故其所设施，卓卓如此。异时宋文书周君之善，以为后世法，未必不以邵学为先。"至此，周敦颐已被看作一位应当青史留名的儒学大师了。周敦颐在邵州还写了《邵州新迁学释菜祝文》，其中称颂大教育家孔子说："惟夫子道高德厚，教化无穷，实与天地参而四时同……施其道，泽及生民者，代有之。"这说明他以先圣为榜样，认为自己有义务复兴儒学、施行孔子之道。

周敦颐的教学，常以所创办的书院为依托。中唐以后，天下大乱，学校废弃不修，学子们苦于无处求学，贤士大夫中留意文教兴衰的人，就建立书院这种"乡党之学"以供时需。书院具有补"州县之学"不足的作用。这个不足主要是从数量上讲的。到北宋初年，国家安定，崇尚文教的风气日益高涨，儒生往往选择那些山清水秀、林茂竹修之处，就着空旷闲地筑舍以讲学授徒，大率多至数十百人，一批为满足士子读书而建的私人书院相继出现。后来得到执政者的首肯，自然就能发挥更大的作用。王夫之《宋论》中说，咸平四年（1001），皇上下诏将九经赏赐给聚徒讲习之所，与州县学校等同，这就是书院的开端。此后孙明复、胡安定等人以传道授业为己任，一大批学者相继仿效，如周敦颐、程颢、程颐、张载、朱熹等把儒学推向又一高峰。此后，范仲淹、王安石、蔡京几次兴学，其结果，虽偏僻郡县亦"弦诵不绝"，然而考其绩效，却远不及新发展的书院。这样，书院就不仅从量上补官学之不足，而且从教学目标、内容、方法、风格以至实效上都大有裨益。当时，这种教育上良好势态的出现，是以周敦颐为代表的理学家们努力的结果。

当时地方官学，多半名存实亡。如周敦颐见到的邵州州学，地势低洼狭窄，左边是监狱，右边是仓库，破陋不堪，以致周子进去拜见先圣灵位"惕汗流背"。官学主要由州县首领主持，而州县首领属于下层地方官员，本身素养方面很少有周敦颐这样通道明理的。再加上官员的考核，主要是赋税劳役任务的完成情况，以及狱讼办理情况。至于文教事业，则对官员的陟罚臧否无关紧要。若无奉献精神和社会责任感，一般官员是不会把精力投到兴学办教上的。

周敦颐办学，与富商巨贾的乐善好施不同。他一生皆为下层官吏，收入原本微薄，加之自少信古重德，仗义疏财，对自己克勤克俭，即使家人连粥都不能供给，依然胸怀旷达，不以为意。他不求升官发财，在清贫的生活条件下，能把微薄的收入投到建校兴学上，着实难能可贵，令人肃然而起敬佩之心。周敦颐亲手创办了四家书院：濂山书院、宗濂书院、郴县书堂、濂溪书堂（又叫清溪书院）。

濂山书院是周敦颐创办的第一家书院，院址在今江西修水。修水宋初叫分宁。"濂"是指濂溪先生周敦颐，"山"指黄山谷庭坚。庆历元年（1041），周敦颐到分宁县任主簿一职，在任期间他广交学界朋友，切磋学术，收徒讲学。这期间他在分宁的迎恩门外，修河东族阳山麓建造了一座书院，以教育四方学子。据说这家书院的规模还很大，有楼台、亭阁，院墙四环，是个静心读书的好地方。元代由于兵焚而毁。后重建，更名景濂书院。明代天顺年间知县罗珉、成化年间知县肖光甫、劝义官刘用礼及其子淮重建，名濂溪书院。弘治年间江西巡抚林俊檄、知县叶天爵增修，江西提学邵宝在书院立濂溪先生像，嘉靖年间知州某建黄山谷祠于其侧。万历年间兵备道史旌贤偕知州方抗俱重修，堂前匾额题"光霁"二字。崇祯年间巡抚解学龙、从佥事邢大中复加修葺，改名濂山书院。明末毁于兵火。

宗濂书院是周敦颐创办的第二家书院，在江西袁州萍乡县东芦溪镇。他当时兼任那里的监税官，因为袁州追随他的士子太多，他便将办公的地方改造成书院。后人在当地建立周子祠堂，又在县治所南立濂溪书院，元末兵毁，明弘治年间知府朱华重建。亦有在异地建立以"宗濂"命名的书院。如在元代《江西通志》记载，洪州南昌县令薛方在宋淳祐年间给周敦颐立的祠堂的遗址——望云门外龙少岗，建起了宗濂书院。到了明代，湖南永州知府建宗濂书院，林士标、万元吉、魏绍芳等重修。

郴县书堂是周敦颐创办的第三家书院，书院修建在郴州鱼鲜山。庆历六年，周敦颐在转运使王逵的推荐下，做了郴县县令。到任后第一件事就是修建学校，聚徒讲学。在郴州的弟子不仅有二程这样十几岁的少年，就连年近古稀的上司李初平，也加入了求学的行列。

濂溪书堂是周敦颐创办的第四家书院，也是他计划最久，托以终身的一所书院。地处庐山脚下，风光不减道州故里。嘉祐六年（1061），周敦颐通判虔州时第一次路过，因爱庐山之美，就有定居之意，于是在山北莲花峰下买地修筑了濂溪书堂。一条清澈的小溪有丈余深，曲曲折折从山洞流出，注入溢江，这景观与家乡是何等相似，当他得知这河没有名字时就用

"濂溪"名之，寄托自己对故乡的怀念，同时也勉励自己为政清廉。五年后他调任南昌知府，再次登临庐山，不禁心旷神怡，有缥缈身轻之感，写下了《濂溪书堂诗》：

元子溪曰瀼，诗传到于今。

此俗良易化，不欺顾相钦。

庐山我久爱，买田山之阴。

田间有清水，清沚出山心。

山心无尘土，白石磷磷沈。

潺湲来数里，到此始澄深。

有龙不可测，岸木寒森森。

书堂构其上，隐几看云岑。

倚梧或欹枕，风月盈中襟。

或吟或冥默，或酒或鸣琴。

数十黄卷轴，贤圣谈无音。

窗前即畴圃，圃外桑麻林。

芋蔬可卒岁，绢布足衣衾。

饱暖大富贵，康宁无价金。

吾乐盖易足，名濂朝暮箴。

元子与周子，相邀风月寻。

周子虽然在这里过着芋蔬卒岁的清贫生活，但看得出他的精神是愉悦的。他以"饱暖大富贵，康宁无价金。吾乐盖易足，名濂朝暮箴"激励自己，这正是大圣内修的善果。尤其令他感到慰藉的是，能够看到自己教育的成果，一个风清民淳的周边环境展现在眼前。他欣然写下了"此俗良易化，不欺顾相钦"的诗句。容易教化，对在司法与教育战线工作一辈子的周敦颐来说，无疑是期盼很久的大好事，也是其晚年最大的慰藉。

他的好友赵清献得知周敦颐在庐山脚下这样一个风光旖旎的地方建筑了书堂，也为之高兴，写下了《题周茂叔濂溪书堂》："吾闻山下泉，终与江海会。高哉庐阜间，出处濂溪派。清深远城市，洁净去尘壒（埃）。毫发难遁形，鬼神缩妖怪。对临开轩窗，胜绝其图绘。固无风波虞，但觉耳目快。琴樽自左右，一堂不为泰。经史日枕藉，一室不为隘。有莼足以羹，有鱼足以脍。饮啜其乐真，静正于俗迈。主人心渊然，澄澈一内外。本源孕清德，游泳吐嘉话。何当结良朋，讲习取诸兑（悦）。"能在这样远离尘嚣、风景如画的地方，与高朋良友一起讲习自己钟爱的学问，自然是赏心乐事。

濂溪书堂在日后又有了很多变迁。当年周敦颐定居庐山北麓前，曾于濂溪之畔筑书堂，后人在这里建造濂溪祠。这件事《庐山志》和《德化县志》都有记载。清同治十二年版《庐山志》"濂溪祠"条说："太平宫东北十五里有濂溪书堂，亦曰濂溪祠。濂溪祠者，周元公先生之书堂也。在石塘桥西北黄土岭麓。初，先生在南昌时，常过得阳，爱莲花峰之胜，又其麓有水出自莲花洞，洁清绀寒。先生濯缨而乐之，因筑书堂于其上，而取故里濂溪之名以名之，其以他日不仕则咏其上。其后果定居焉。后兵毁。"同治十一年版《德化县志》附录《宋朱文公记》也说："先生周氏，讳敦颐，字茂叔。世家舂陵，而老于庐山之下。因取故里之号以名其川曰濂溪，而筑书堂于其上。今其遗墟在九江郡治之南八里，荒芜不治者百年矣。（南宋）淳熙丙申，太守潘侯慈明与其通守（通判）吕侯胜已复作堂其处，揭以旧名，以奉先生之祀。"同治十三年版《九江府志》"学校"条还记载："（南宋）嘉定间，中军守赵崇宪即堂左筑学舍二十楹（屋一列或一间为一楹），后毁。"可知早在宋代，濂溪书堂已初具规模。入明以后，濂溪书堂亦屡毁屡修。

先是正统初，御史徐杰、项璁，副使焦宏、陈玠，于遗址重建。接着弘治年间，户部主事郑汝美建廊舍，塑元公像于其间。嘉靖十六年（1537），户部主事祖琚碞石刻周氏最重要的理学著作《太极图说》竖于祠中寝堂，副使谢迪等还掘浚莲花池于祠前，广达五亩。也是在嘉靖初年，户部主事邹轼在堂东空地建造房舍，以便生徒修习学业。这些记载均见于地方志。在以后的岁月中，书院又多次维修、迁建。濂溪书堂在当地的教育史上，发挥过重大的作用。

自南宋以来，由于统治者的提倡，冠以周子之名的濂溪书院和奉周子之祀的濂溪祠相继大兴。如湖南就有道州濂溪书院、道州濂溪祠、故里濂溪祠、永州濂溪书院、桂阳濂溪书院、衡阳濂溪书院、邵阳爱莲书院、宁远会濂书院等二十几处；江西有南安道源书院、江州濂溪书堂、赣州濂溪书院、南康濂溪祠、万安濂溪书院，江州濂溪祠等十几处；广东有曲江濂溪书院、四合濂溪书院、广州濂溪书院、韶关濂溪书院、阳江濂溪书院、德庆濂溪书院等；四川有合州濂溪祠堂两处；北京有燕都太极书院、燕都周子祠堂。此外，在广西、湖北、江苏等地亦有濂溪书院、濂溪祠或三先生（周敦颐与二程）祠多处。后世诸多纪念周子的书院祠堂的出现，足见周敦颐办学兴教等活动给后人留下永久的记忆，深受后人的怀念和景仰。

周敦颐办学有两种形式，一是州县官学，一是书院。书院成为学校发展第二阶段具有代表性的形式，这与理学的产生和发展有不解之缘，与理学成为许多书院的指导思想和教学内容，与书院成为理学活动和发展基地是分不开的。而这里面都有周敦颐这位理学开山祖师的功绩。周敦颐除了创办书院，还改造州县官学，充分利用它教化授徒，如章水旁、梅山脚下的南安军学、邵州州学就是。

周敦颐办学的另一个特点就是办、教结合。他既是学校的创办者，又是一名优秀的教师。他的讲授极富启发性，有着神奇的魅力，令学徒为其说教倾倒。程颐给兄长写的《明道先生行状》说："先生（程颢）为学，自十五六时，闻汝南周茂叔论道，遂厌科举之业，慨然有求道之志。"科举是大多数封建文人步入仕途的必由之路，周敦颐论道，能让人放弃举业，可见是极有魅力的。《宋史》本传记载，侯师圣学于程颐，老是不得门径，就私下里去拜见周敦颐，并向他求教。周敦颐弄清侯的来意后说："我老了，解说不能不详细点。"这话里包含了他对自己明理的自信，说解是他人无法替代的。虽然周敦颐对自己有信心，但从未流露出半点骄傲之意。他留下师圣同榻共语，这样三个昼夜，侯师圣果然茅塞顿开，把问题弄清楚了。他回到程颐处，程颐对师圣一下子认识提高许多感到十分惊诧，也马上猜出，这个学生一定是向周敦颐请教过了。于是问道："你莫不是从周茂叔那里来的吧？"这正说明周敦颐在程颐心中也是一位善于启人心智的好老师。无独有偶，改革家王安石应该是一位认识深刻而有独到见解的人，中年与周敦颐相遇时已经号称通儒。两人一谈就是几天几夜，王安石回去后还仔细品味周敦颐的言论，以至于忘掉了吃饭睡觉。周敦颐任郴州县令时，收徒讲学，以致年近古稀的顶头上司知州李初平想拜他为师而求学。这几例可见周敦颐讲学的魅力之一斑。

第 4 章

《太极图说》 天人造化

一、文化背景

周敦颐的哲学体系，主要反映在《太极图说》和《通书》中。他借鉴、吸收多方面成果，按照自己理解的宇宙发展图式，依逻辑关联构成。周敦颐认为宇宙万物的本原是无极，由此便形成其宇宙本原论；周敦颐认为无极产生出太极，然后依次化生出阴阳、天地、五行、四时、万物与人，由此便形成其万物化生论；周敦颐认为"物则不通，神妙万物"，万物产生的整个过程，以及万物产生之后的动静，都是在无极之神的推动下发生的，由此便形成其动静论或运动动力论。周敦颐认为，由于万物和人是由"无极之真，二五之精"妙合而凝之后产生的。因此，人和万物产生之后便由"无极之真"体现为"诚"的本性，由"二五之精"的"五行各一其性"而体现为"五性"。人的"诚"性和"五性"由静而动便产生善恶之分，由此便形成其性论，包括人性善恶论；周敦颐认为"诚"和"五性"受感而动之后，往往使人的行为产生恶多善少的结果，所以圣人便"定之以中正仁义而主静",为人们确立起做人的最高道德标准和修养原则,由此便形成其道德论和修养论。这样,随着对宇宙发展图式的论述,周敦颐形成了其哲学的宇宙本原论、万物化生论、动静论(或运动动力论)、性论(主要是人性论)、道德论和修养论。周敦颐依其对宇宙发展图式的论述,形成的整个哲学体系可称为宇宙图式论体系,这是周敦颐哲学的突出特点。

周敦颐宇宙图式论的形成不是偶然的,它是当时社会历史条件下的产物,有着特定的文化背景,包括政治学术等方面内容。

北宋王朝加强政治和思想统治的需要

把周敦颐宇宙图式论放到当时的社会政治背景下分析,就会看到它是适应北宋王朝加强封建专制政权和思想统治需要而产生的。

历经唐末五代战乱之后,北宋王朝重新一统天下。为避免唐末以来臣下权重割据,乃至篡夺帝位情况再度发生,求得统治地位的巩固,北宋统治者以前车为鉴,在夺得政权后便马上着手"为国家建长久之计"。他们通过一系列措施,削弱地方权力,强化中央集权,建立起权力高度集中的封建专制主义政权体系。同时,唐末五代的社会动乱使"君君、臣臣、父父、子子之道乖","三纲五常之道绝",尤其是三纲之首的"君臣"一纲,遭到更为严重的破毁,十分不利于加强封建专制主义统治,因而,北宋统治者又不得不把重振封建纲常的任务提上日程。特别是随着北宋朝廷内忧外患的加剧,重振纲常名教便显得更为迫切。为此,北宋最高统治者,宋太祖、太宗、真宗、仁宗等，都非常重视抬高孔子的地位，重用儒臣，大力提倡鼓吹封建纲常名教的儒学。天下初定，宋太祖明示"宰相须用读书人"，并令得中的读书人到国子监拜谒孔子。宋太宗规定"进士须通经义，遵周孔之教"，并印行《五经正义》，通过科举取士提高儒学的地位和诱惑力。宋真宗又以"九经"赐州县学校及聚徒讲诵之所，并亲撰《文宣王赞》，称颂孔子开创的儒学是"帝道之纲"，又撰《崇儒术论》，认为儒学的盛衰意义重大，与国家兴废息息相关。宋仁宗则下令各州县皆立学校，以儒家经义为统治阶级培养人才，至宋神宗熙宁年间"学校设遍天下，而海内文治彬彬矣"。可见，统治阶级为重振儒家鼓吹的封建纲常名教而大力提倡儒学，确实花了不少功夫。

为了加强思想统治，北宋统治者还在大兴儒学的同时，大力扶植和提倡佛道二教。为此，他们亲自召见道士，赠赐名号，派专人整理道教典籍，诏修道观；又派遣僧人去印度求取佛法，雕印佛教经典，并专立译经院，大量翻译佛经。北宋统治者在大兴儒学的同时，又如此大力扶植、提倡佛道二教，其目的在于促进佛道二教与儒学融合，以便封建纲常名教振兴，同时亦可借佛、道的宗教功能神化封建统治，劝人们做到清静无欲、为善去恶，以消弭人民的反抗意志，从而巩固其封建专制统治。宋太宗就曾明确地对宰臣说，浮屠氏之教，有裨政治；宋真宗笃信道教，又在亲撰《崇儒术论》的同时作《崇释论》，认为儒、佛、道三教之设，旨意相同，大抵都是劝人为善。

这些情况表明，北宋统治者一面以儒学为帝道之纲，为重振纲常名教而大兴儒学，一面又大力扶植、提倡佛道二教，发挥其劝人为善，有补政治的作用，力图形成一套以儒学为核心而又融儒佛道为一体的统治思想。特别是随着宋王朝内忧外患的日益深重，统治阶级更需要有这样一种理论为其封建统治和纲常名教进行有效的辩护，并能有助于缓和阶级矛盾、消弭人民的反抗意志，以巩固其统治。周敦颐的宇宙图式论就是适应这一需要而产生的。周敦颐所处年代，正是北宋统治阶级面临日益深重的内忧外患而急需理论辩护，正加紧推行三教融合以加强思想统治的年代。他在其宇宙图式论中以儒家思想融合佛道二教，提出宇宙本体及人的本性（诚）寂然不动，是为了由此引出"主静""无欲"的禁欲主义，为防止贪官污吏和豪强兼并势力纵欲无度，特别是为消弭人民的反抗意志，提供精神武器。他提出人在宇宙万物生成过程中产生后，五性感动而善恶分，万事出，是为引出"圣人定之以中正仁义而主静，立人极焉"；他提出天地阴阳生成万物，是为了以"生""成"比附"仁""义"，得出"圣人在上，以仁育万物，以义正万民"的结论；他提出从无极而太极到万物的产生是一实万分，以及万物产生后"万一各正，小大有定""阴阳理而后和"，是为了由此引出"君君、臣臣、父父、子子、兄兄、弟弟、夫夫、妇妇，万物各得其理然后和"。这些都是对社会纲常的理论辩护。他提出神妙万物，是为了由此得出"故天下之众，本在一人"的结论，为中央集权制辩护。周敦颐的宇宙图式论，就是这样通过为中央集权制、纲常名教以及禁欲主义进行理论辩护和论证而适应了北宋统治者加强集权政权和思想统治的需要。

儒学复兴运动和三教合一思潮

周敦颐宇宙图式论的形成，还与北宋初年的儒学复兴运动和三教合一思潮密切相关。汉武帝"罢黜百家、独尊儒术"，儒学被奉为至高无上的统治思想。后来，由于佛道二教的兴起，儒家的独尊地位受到挑战。特别是自南北朝、隋唐以后，封建统治者奉行三教并用政策，否定儒学独尊，甚至压抑其发展，而佛道二教则得以盛行。为了扭转这一局面，唐朝韩愈著《原道》《原性》力排佛老，大力宣扬尧、舜、禹、汤、文、武、周公、孔子、孟轲代代相传的儒家道统，力图恢复儒家在思想上的正统地位，从而开创了儒学复兴运动。至宋，儒学复兴运动进入了一个新阶段。宋初许多士人致力儒学复兴事业。长于周敦颐二十多岁或十来岁的儒者，如孙复、石介、欧阳修等人，接过韩愈的旗帜，把佛道作为异端邪教大力抨击，试图用儒家原有伦理说教去战胜它们，以达到复兴儒学的目的。但是，当时佛道思想得到最高统治者的大力提倡，并产生了广泛影响，要采取绝对排斥佛道的方式来复兴儒学，显然不可能。佛道二教能在中国得以盛行并产生广泛影响，与它们在理论上有其高明之处是分不开的。程颢曾说，人们之所以惑于佛道，正是"由其高明"。因为，佛道标榜"穷神知化""言无不周遍""穷深极微"。因此，在当时的条件下，只有顺应早已开始的三教融合趋势，从佛道中吸取有用的思想，儒学才能具有新的活力，才能真正战胜佛道，达到复兴。有鉴于此，当时包括周敦颐在内的许多学者，走的正是这一道路。

儒佛道三教早就开始融合，进入宋代之后，加之现实政治需要和最高统治者大力提倡，三教融合进程进一步加速，在儒佛道三教中都有一批积极鼓吹三教合一的学者。宋初名僧赞宁、智圆、契嵩等都主三教合一之论。周敦颐之前的赞宁认为"三教是一家之物"，智圆说"三教之大，其不可遗也"；与周敦颐同时而稍长的契嵩更以佛教的"五戒"，比附儒家的"五常"，认为天下之教虽异，而"心则一"，缺一不可。在道教学者中，张伯端更是明确主张儒佛道"教虽分三，道乃归一"。

儒者中主张三教合一的亦不乏其人。在周敦颐生活的年代，北宋朝廷重臣，如富弼、吕公著等都是儒者同时信奉佛、道二教之人。稍后的苏轼、苏辙等儒者所倡导的蜀学，公开主张三教合一。苏轼说，儒释道虽有所不同，但正如"江河虽殊，其至则同"；其弟苏辙亦谓三教"并行而不悖"。儒者中另一些人如与周敦颐同时的张载，以及周敦颐的学生程颢、程颐等虽然在阐扬儒学的同时深批佛道，但皆因曾经出入于佛道多年，又颇受佛道影响，在其儒学中融进了佛道内容，正如叶适所说："程张攻斥老佛至深，然有尽用其学而不自知者。"这说明他们阐扬和复兴儒学走的是一条在批判中融合佛道或扬弃佛道的创造性路子。二程扬弃佛道的儒学复兴之路，是受过周敦颐影响的。

在当时儒佛道融合的情势下，周敦颐既不公开主张三教合一，亦不公开批判佛道，而是以儒学为主，创造性地融合佛道于其中。周敦颐的求学特点是汲汲于学而又学无定师，凡一时老师宿儒，专门名家，一艺一能有过于人，有闻于世者，无不访问，因而他广泛地接触到各家各派的学说。从他的著作可以看出，他不仅善谈名理，深于《易》学，而且合老庄于儒，亦收佛教于儒。对于佛教，虽然他讲过"一部《法华经》，只消一个艮字可了"的话，透露出重儒轻佛的倾向性，但这也说明他对儒佛之间的一致之处是肯定的。他的某些诗，如《题大颠堂壁》云"退之（韩愈）自谓如夫子（孔子），原道深排释老非"，对佛教亦有肯定之意。又据说，周敦颐曾师事鹤林寺僧寿涯，而得"有物先天地，无形本寂寥，能为万象主，不逐四时凋"之偈，游定夫还有"周茂叔，穷禅客"之语。从周敦颐的著作和思想来看，他的《爱莲说》对莲花"出淤泥而不染"等性格的描写，借鉴改造了佛教《华严经》以莲花喻真如佛性的某些内容，他的宇宙图式论亦融合进了不少佛教内容。例如：周敦颐的宇宙图式论以寂然不动的无极为宇宙万物的本体和主宰，这显然与所谓"有物先天地，无形本寂寥"的佛偈含义一致；他又由宇宙本体的寂然不动和善恶的产生引出主静、无欲之说，这显然受了佛教所谓佛门清净、无念、无欲之说的影响。

周敦颐不仅在自己的学说中肯定和汲取佛教的一些内容，而且对道教有更多的肯定和吸收。他曾在《宿山房》诗中说："久厌尘坌乐静元，俸微犹乏买山钱。徘徊真境不能去，且寄云房一榻眠。"在这里显露出对道教的所谓"真境"十分留恋。在《读英真君丹诀》诗中有"始观丹诀信希夷，盖得阴阳造化机"之句，明确表示对著名道士陈抟（赐号"希夷"）道教思想的信奉，认为他已得"阴阳造化机"。周敦颐的"太极图"亦源自道教。宋陆九渊说："朱子发谓濂溪得太极图于穆伯长，伯长之传，出于陈希夷。"明末黄宗炎则谓周敦颐的太极图是由创自河上公、中经陈抟传下来的用以说明炼丹术的"无极图"改造而来。清毛奇龄通过考证，认为朱子发（朱震）于北宋徽宗政和六年（1116）所亲见，并于南宋初（1134）向宋高宗所进周敦颐太极图是"最真而最先"的，而此图与《道藏》中的"太极先天之图"相互一致到"两图踪迹，合若一辙"。考之《道藏》，可以发现朱震向宋高宗所进太极图在图形上与《道藏》第一百九十六册《上方大洞真元妙经图》中的太极先天之图只是小有差异，特别是其所见周敦颐太极图上的注文与《道藏》中的太极先天之图上的注文完全一样，只是注文的位置有所不同。这说明周敦颐的太极图源自道教已断无可疑（从《道藏》中的太极先天之图到太极图的改造过程可能是由周敦颐完成的）。周敦颐的《太极图说》通过解释源自道教的"太极图"而提出其宇宙生成图式论，其受《道藏》中太极先天之图及其解说词的影响是明显的。特别是周敦颐以"无极"为宇宙本原的思想明确地出自被道教奉为经典的《老子》"知其雄"章；他对宇宙万物化生的推衍亦深受《老子》"道生一，一生二，二生三，三生万物"和"天下万物生于有，有生于无"的思想影响；至于其主静、无欲之说虽为佛教所提倡，然亦为道教所主张。

周敦颐的思想理论，主要是在其宇宙图式论中确实融合并吸收了不少佛道二教的内容。但是，周敦颐的宇宙图式论又不仅仅是佛道思想，它融合佛道仍是为了复兴儒学。他的朋友孔延之说他言行政事，皆本之六经，考之孟子。他作为一个儒者，最推崇的还是儒学。他在《邵州新迁学释菜祝文》中对孔子儒家学说推崇备至，说"惟夫子道高德厚，教化无穷，实与天地参而四时同"。他的宇宙图式论就是以儒家经典《周易》（主要是《易传》）和《中庸》的思想为主，而又融合佛道的结果。从周敦颐的著作看，他的宇宙图式论应是先在《太极图说》中从总体上系统而简略地提出来，然后在《通书》中加以补充。《太极图说》主要是用《易传》的思想解释源自道教的太极图。此文全篇不足三百字，却多处引用了《易传》，最后盛赞《周易》说："大哉《易》也，斯其至矣！"《通书》主要是发挥《中庸》和《周易》的思想。《通书》的基本观念是"诚"与"中和"，这都来自《中庸》，但周敦颐却是把《中庸》的思想与《易传》的思想嫁接起来进行论述的。从周敦颐的宇宙图式论来看，其中所受佛、道二教的影响是明显的，但主要还是以《周易》和《中庸》为代表的儒家思想。其中的太极生阴阳两仪，二气交感化生万物，万物生生而变化无穷，神妙万物等，都来自《易传》；而其中关于"诚"和"中"的观念则来自《中庸》；至于"仁义"等道德思想则为《易传》和《中庸》所共有。可以说，周敦颐的宇宙图式论是吸收了佛、道二教的观念而又主之以《周易》和《中庸》所代表的儒家思想。这是当时儒学复兴运动和三教融合的产物。正因为当时三教融合的趋势日益加强，所以，周敦颐的宇宙图式论亦具有三教融合的特征；又正因为当时儒学复兴运动已处于一个新的阶段，因而，周敦颐作为一个儒者又在三教融合中以儒学为主。

《易》《庸》之学的兴起

周敦颐的宇宙图式论，从儒家诸经中选取《周易》《中庸》作为主要思想，这与入宋以来所兴起的《易》《庸》之学具有密切关系。在当时儒佛道融合情况下，《周易》和《中庸》因其理论特点而成为沟通儒学与佛、道二教的桥梁，所以，不仅作为儒家经典而被儒者们所重视，而且亦分别受到佛、道学者的重视和研究。

《周易》被儒家奉为经典，但因其阴阳消息、卦爻推衍等观念可以被道教用来说明炼丹长生之术，因而从道教产生之始就被道教所吸收，受到道教学者的重视和研究。汉末魏伯阳所著《周易参同契》被推为道教的"丹经王"，就说明了这一点。宋代三教融合的思潮中，《周易》更成为儒道互相沟通与融合的重要著作，道教学者更重视对《周易》的研究。宋初著名道士陈抟喜好读《易》，手不释卷，著有《易龙图序》等。尤其是他的《易》学传授，对宋代易象数学的研究影响极大，如刘牧、邵雍的易学，就是陈抟易学的继承和发挥。这说明宋初道教学者对《周易》的研究是很重视的，而且亦颇有影响。至于儒家学者，《周易》对他们意义更加深远。相传《周易》

是伏羲作八卦，文王重卦，孔子作传，是所谓人更三圣、世历三古的神圣著作。因此，儒家学者要复兴儒学就不能不特别加以研究和阐扬。同时，《周易》一向被视为深奥神秘的著作，其深奥神秘性一方面诱发人们探索的欲望，另一方面又足以使那些反佛道而兴儒学的学者用来与佛道经典抗衡。而且，《周易》卦爻含义具有极大的抽象性，它给予儒者们在复兴儒学的运动中以广泛发挥的自由。特别是《周易》具有儒家经典中难得的宇宙图式论思想，《易传》中的《序卦》甚至由天地万物的产生推论出男女、夫妇、父子、君臣、上下、礼仪产生的逻辑秩序，从宇宙演化论上为社会纲常寻找合理根据，这正适合了北宋统治者重振社会纲常的需要，也为儒者们对纲常名教进行理论辩护提供了称心的思想资料。由于以上种种原因，当时儒家学者几乎无一例外地看重《周易》的研究。在与周敦颐同时而年长的学者中，范仲淹著《易义》，胡瑗传《周易口义》，孙复作《易说》，石介撰《徂徕易解》，欧阳修著《易童子问》，陈襄有《易义》，李觏有《易论》，邵雍更是以精研周易象数之学而著称，所著《观物内篇》《观物外篇》都是这方面的著作。在与周敦颐同时而年龄稍小或为其晚辈的儒者中，司马光撰《温公易说》，张载著《横渠易说》，程颐作《伊川易传》，苏轼成《毗陵易传》。如此等等，足见当时《易》学研究之盛。再加上当时道教学者的《易》学著作，就更显其繁荣了。

与《周易》受到广泛重视的情况相似，《中庸》亦因其在儒学复兴和三教融合中的重要地位而吸引了越来越多的研究者。《中庸》被认为是孔子的孙子子思传授孔门心法之作，且为孟子所继承，这在当时复兴孔门儒学的运动中，具有很大的权威性。特别是《中庸》提出"天命之谓性，率性之谓道"，

"诚者，天之道也；诚之者，人之道也"。从逻辑上把所谓君臣、父子、夫妇、兄弟、朋友等"五达道"，和知、仁、勇"三达德"，与作为人的"诚"性所固有而又最终根源于"天道""天命"的东西关联起来。这种从天道天命中引出人性，从人性中引出封建纲常名教的思想，在当时也正适合统治阶级振兴儒家纲常的需要。而且，这种从天命引出人性，从天道引出人道的思维方式，具有一种讲述天人之际微言大义的深奥外观，能给人一种理论探索的启示，特别能给那些面对三教并立融合局面而极力复兴儒学统治地位的学者，以一种理论优越感的满足。由于种种原因，当时儒家学者在深研《周易》的同时，亦多注意对《中庸》的研究。事实上，早在唐代韩愈倡导儒学复兴时，他的学生李翱就已把《周易》和《中庸》的思想结合起来纳入其理论体系中，从而突出了《周易》和《中庸》在儒学复兴中的地位。入宋以后，许多儒者受李翱的影响，既重《周易》又重《中庸》。范仲淹虽然"尤长于易"，但对《中庸》的研究亦十分重视。"宋初三先生"之首的胡瑗既著《周易口义》，又著《中庸义》。司马光同样既著《温公易说》，又著《大学中庸义》（或《大学广义》《中庸广义》）。张载亦著《横渠易说》《正蒙·大易篇》，又著《正蒙·诚明篇》，对《中庸》的"不诚无物""自诚明""自明诚"等加以阐述发挥，被人称为"明诚夫子"。程颐也是既著《伊川易传》，又传《中庸》，有《与吕大临论中庸书》。吕大临的《中庸解》就是受程颐影响而写成的。

儒家学者在重视《周易》的同时，又重视《中庸》的研究。一些佛教学者亦重视对《中庸》的研究。这是因为《中庸》中的一些思想可以与佛教的一些观念相沟通。例如，宋初僧人智圆就认为，《中庸》中所讲的不偏不倚的"中庸"观念，与佛教的"中道"观有其相通之处。另一与周敦颐同时而略早的僧人契嵩亦说："中庸几于吾道"，明确肯定儒家的中庸之道与佛教之道相接近。早在南北朝时，梁武帝萧衍是个虔诚的佛教徒，他著有《中庸讲疏》。进入宋代之后，一方面由于三教融合的趋势加强，另一方面又由于最高统治者以儒学为"帝道之纲"，且提倡三教融合，因而佛教要在新的形势下获得发展，便不能不更多地吸收儒学的内容；特别是当面临着某些儒者以违背纲常名教的罪名加以反对时，佛教要求得生存和求发展，便更要强调佛教与儒学的一致性。在这样的情势下，《中庸》便因其与佛教有某种相通之处而成了佛教学者用来证明儒佛一致的重要材料，从而也就使《中庸》在儒家之外又成了佛教学者研究的重要典籍。如智圆就自号"中庸子"，并著有《中庸子传》三篇，表明他对儒家《中庸》之学的重视；契嵩亦很重视对《中庸》的研究，且著有《中庸解》五篇。这些情况说明，在周敦颐活动的年代，不仅《周易》之学盛况空前，《中庸》之学的研究亦已蔚然成风。

总之，由于《周易》和《中庸》自身的理论特点，及其在宋初儒学复兴和三教融合中的重要地位，它们受到了儒佛道学者的广泛研究，形成了《易》《庸》之学的兴盛局面。正是在《易》《庸》之学广泛兴起之时，周敦颐以《周易》《中庸》的思想为主，兼收佛道思想，提出了其宇宙图式论。在这里，周敦颐之所以选择《周易》和《中庸》作为其宇宙图式论所依据的主要儒家经典，除了《周易》和《中庸》因其思想理论特点适合于周敦颐理论创造的需要外，显然与当时《易》《庸》之学的影响有密切关系，在某种意义上可以说是当时《易》《庸》之学兴起的产物。

由社会改革思潮引发的新学风

周敦颐在提出其宇宙图式论时，对《周易》和《中庸》思想的阐释完全以己意出之，他把《周易》和《中庸》的一些思想互相嫁接，大胆吸收佛道思想，使之成为一体，完全摆脱前人传注的束缚。这与当时社会改革思潮所引发的思想解放运动，及由怀疑经典到以己意解经所形成的新学风是分不开的。

自汉代开始，阐释儒家经典成为一门学问，并形成今文经学和古文经学两派。后儒传道各承师说，笃守故训，无取新奇，形成了一种迷信权威、思想僵化的状态。自汉至宋初，虽偶有学者试图摆脱先儒传注的束缚，但总的情况仍然是"读经者守训故而不凿"。而至宋庆历年间，这种陈腐学风为之一变，出现了一种舍弃先儒传注，各以己意解经，崇尚新奇的学风。这种新学风的出现，是这一时期社会改革思潮引起的思想解放运动的产物。由于统治者对外妥协投降，对内残酷剥削压迫，宋王朝建国不久便形成了积弱、积贫的颓势。至庆历年间，外有辽和西夏的侵扰威胁，内有农民起义下层士兵的暴动，阶级矛盾和民族矛盾日趋尖锐复杂，宋王朝的内忧外患日益深重。面对这种岌岌可危的局面，朝野上下纷纷议论转危为安的对策。当时朝廷名臣富弼、范仲淹等都深感不变更"弊法"，后果将十分危险。因此，在当时的情况下，要摆脱危机，巩固统治，统治阶级便不得不考虑改变弊端丛生的旧法，连最高统治者宋仁宗也"欲更天下弊事"。于是，朝野上下自然形成了一股变法改革浪潮，最终导致范仲淹等人"庆历新政"的出现。随后宋神宗时，出现了王安石大规模变法的"熙宁新政"。正是在这种社会改革浪潮的冲击下，人们由对社会现实中祖宗旧法的怀疑变革，发展到对儒家经典这一统治思想的重新清理和研究。这与当时儒学复兴运动是一致的，因为要复兴儒学，首先就得对儒学经典的真伪及其释义予以辨明，因而也就必须对儒家经典重新进行清理和研究。这样，在当时社会改革思潮冲击下，人们在一定程度上敢于独立思考，在重新清理儒家经典时容易发现问题，提出质疑。同时，有些人为了给自己的政治主张提供理论依据，也往往会对儒家典籍中一些与己意不合的内容提出怀疑，或对之作出有利于自己政治主张的解释。这样一来，社会上便出现了一股疑经思潮和新的解经方法，从而导致人们思想的进一步解放，学风也为之一变。宋王应麟《困学纪闻》谈到庆历年间学风改变的情况时说："自汉儒至于庆历间，谈经者守训故而不凿。《七经小传》出而稍尚新奇矣。至《三经义》行，视汉儒之学若土梗（泥塑偶像）。"宋陆游亦说："唐及国初，学者不敢议孔安国、郑康成，况圣人乎！自庆历后，诸儒发明经旨，非前人所及；然排《系辞》，毁《周礼》，疑《孟子》，讥《书》之《胤征》《顾命》，黜《诗》之序，不难于议经，况传注乎！"

可见，当时的疑经之风盛行。过去连对先儒解释经典的所谓"传注"都不敢稍有异词，对经典更是只有崇奉迷信；现在居然敢于对经典的一些内容提出怀疑和否定，更何况先儒的传注呢！这实在是一次不寻常的思想解放运动。它使人们在很大程度上解除了对儒家经典的迷信，摆脱了先儒传注的束缚，因而能得以直抒胸臆，以自己的独立见解和理性思考对经典重新解释和发挥，从而形成了一种轻故训、重义理、尚新奇的学风。周敦颐的宇宙图式论正是在这种新学风的影响下提出的。或者说，正是在这种新学风的影响下，周敦颐才有可能不顾先儒传注和经典原意，而把《周易》和《中庸》的一些思想互相嫁接起来，并使之与佛、道二教的某些思想或观念融为一体，从而自由发挥出一套宇宙图式论来。

总之，周敦颐宇宙图式论的提出是当时社会历史条件下的产物。正是面对着宋王朝内忧外患日益深重，社会改革思潮激荡朝野的社会现实，为适应统治阶级加强中央集权思想统治的需要，在儒学复兴、三教融合、《易》《庸》之学盛行、思想解放的新学风形成的情况下，周敦颐以儒家经典《周易》和《中庸》的思想为主，兼采老庄佛道，兼合阴阳五行之说，提出了一个贯通天地人物（包括自然、社会和精神道德领域）的宇宙发展图式论。由于周敦颐是宋明道学的创始人，并与宋明道学的重要代表人物如张载、邵雍、二程同时处于共同的政治学术文化背景下，因而透过周敦颐宇宙图式论形成的文化背景，我们亦可以进一步理解宋明道学的形成和早期发展。

二、《太极图》与《太极图说》的基本内容

周敦颐的哲学以儒家经典为本，从佛教、道教中吸收借鉴相关内容，即沿着所谓"出入于释老"而"反求诸六经"这个三教合一的路数，将其对自然社会和人，变易生化的认识成果，用太极一图表现。《太极图说》是周敦颐理学体系的主要框架，用图式和文字将宇宙发生、发展过程进行抽象概括。朱熹认为"先生之精，因图以示，先生之蕴，因图以发"，"天地万物之理，巨细幽明，高下精粗，无所不贯"。图说的内容主要源于儒家经典《周易》和《礼记·礼运》，并吸收道家方士修炼的《上方大洞真元妙经品图》中的《太极先天图》内容。

《太极图》与《太极图说》是内容上相关联的两个独立部

分。《太极图》原图图式如下：

《太极图说》从字面意义上看是对《太极图》的解说。《太极图说》只有二百四十九字，全文如下：无极而太极。太极动而生阳，动极而静；静而生阴，静极复动。一动一静，互为其根；分阴分阳，两仪立焉。阳变阴合，而生水、火、木、金、土。五气顺布，四时行焉。五行，一阴阳也；阴阳，一太极也；太极，本无极也。五行之生也，各一其性。无极之真，二五之精，妙合而凝。乾道成男，坤道成女，二气交感，化生万物。万物生生，而变化无穷焉。唯人也，得其秀而最灵。形既生矣，神发知矣，五性感动而善恶分，万事出矣。圣人定之以中正仁义，而主静，立人极焉。故圣人与天地合其德，日月合其明，四时合其序，鬼神合其吉凶。君子修之吉，小人悖之凶。故曰："立天之道，曰阴与阳；立地之道，曰柔与刚；立人之道，曰仁与义。"又曰："原始反终，故知生死之说。"大哉《易》也，斯其至矣。

首先，应当指出，周敦颐著《太极图说》是以《易传》为根据，是对《易传》的一种别出心裁的阐发。如《图说》有云："太极动而生阳，动极而静；静而生阴，静极复动。一动一静，互为其根；分阴分阳，两仪立焉。"这些话就是对《周易·系辞》"易有太极，是生两仪"的解释。《周易》强调"变易"，就是《图说》所讲的"动"；《周易》讲"阴阳"，就是《图说》的"阴阳"。《周易》讲阴阳互动，即是《图说》的"动而生阳，静而生阴，一动一静，互为其根"。《太极图》中从上到下的第二圈（水火匡廓，取坎填离）所示的黑白相杂符号，就是把《周易》八卦中的"坎☵""离☲"二卦变成圆形并相互联结，其在中线的左边表示离（火），右边表示坎（水）。《图说》又讲："二气交感，化生万物。万物生生，而变化无穷焉。"这是对《系辞》"生生之谓易"作了更详细的说明。另外，《图说》的最后引用了《易传·说卦》中的"立天之道，曰阴与阳；立地之道，曰柔与刚；立人之道，曰仁与义"。总之，《图说》从宇宙起源到人道建立的一整套宇宙模式的立论，可以说都是基于对《易传》思想的继承和发挥。

其次，《图说》也吸取了阴阳五行家关于宇宙起源论的一些思想。《图说》所云"阳变阴合，而生水、火、木、金、土。五气顺布，四时行焉"，"五行之生也，各一其性"，"二五之精，妙合而凝。乾道成男，坤道成女"等语都是从五行说中嫁接过来的。

再次，《图说》还吸取了道教思想。这一点可以从它的流传和图式结构得到说明。

最早公布《太极图》来源的是南宋初被誉为经学深醇的朱震，他于绍兴五年（1135）在《进周易表》中说："魏王弼与钟会同学，尽去旧说，杂之以老庄之言，于是儒者专尚文辞，不复推原大传，天人之道自是分裂而不合者，七百余年矣。国家龙兴，异人间出。濮上陈抟以'先天图'传种放，种放传穆修，穆修传李之才，之才传邵雍。放以'河图''洛书'传李溉，李溉传许坚，许坚传范谔昌，谔昌传刘牧。穆修以'太极图'传敦颐，敦颐传程颢、程颐。"由于历史上文献材料亡佚甚多，这些说法的依据所在今已不可见，但将一些遗漏了的传授环节补上，上述流传线索还是可信的。人们怀疑的是，穆修于明道元年客死于淮西道中，这时周敦颐年方十六岁，寄居开封舅舅龙图阁直学士郑向家，穆修似不可能把"太极图"直接授给少年周敦颐。这里面还有一个中间传授环节——这就是全真道南宗创始人张伯端。

与周敦颐同时代的张伯端，是第一个把陈抟以来的道教顺行造化与逆施成丹的思想从理论上作了明晰阐述与总结的人。张伯端，字平叔，号紫阳，天台人，晚年得道，著有《悟真篇》。他本为儒生，得道前是一个官吏，得道后也是一个幕僚，是出儒入道的人。他的思想来源主要是《周易》《老子》《阴符经》，其中《周易》是最根本的。张伯端丰富的《易》学思想还表现在"取坎填离"，以后天还返先天，"南北宗源翻卦象"，"自如颠倒由离坎"等方面。可见，周敦颐和张伯端均以《周易》为主要的思想渊源。

再说上文朱震提到的陈抟。陈抟，字希夷，是有名的道士，曾居武当山九室岩服气辟谷达二十余年，后移居华山云台观少华石室。他把《无极图》刻在华山石壁上，自然有意让天下人共知。陈抟对易学也颇有研究，宋人王称《东都事略·穆修传》记载穆修师事陈抟而传其易学，同书《李之才传》亦云"华山陈抟读《易》，以数学授穆修，修授之才，之才授雍；以象学授种放，放授许坚，坚授范谔昌"。道教《太极图》与《无极图》，是阐述顺行造化与逆施成丹的图，亦即从上往下看与从下往上看有不同的内涵。周敦颐解说的"自无极而太极"一句正透露了他解说的依据是来自道教的消息。张伯端在《悟真篇》中，一方面认为老子说的道生一，一生二，二生三，三生万物，是顺行造化的常道；另一方面又认为修炼精气神结丹成仙，必须逆此万物化生的常道而行，即要归三为二，归二为一，归一于虚无。这就叫颠倒陶铸，逆施造化。所以，他进一步明确指出："大丹妙用法乾坤，乾坤运兮五行分"；"五行顺兮常道有生有死，五行逆兮丹体常灵常存"。正如薛道光所注说的："阳主生，阴主死，一生一死，一去一来，此常道顺理之自然者也。圣人则之，反此阴阳，逆施造化，立乾坤为鼎器，盗先天一气为丹。以丹炼形，入于无形，与道冥一，道固无极，仙岂有终。"《太极图》不过就是用来描述这一思想的。可以看出《太极图》不仅有易学理据，还有道学渊源。

朱熹向来十分看重周敦颐太极图的作用，认为先生之学，其妙具于太极一图。他讳言周氏同陈抟之间的渊源关系，认为太极图是周氏自得于心，而在《朱子语类》里却说他"也须有所传授"，并专门提及"陆诜"，这绝非偶然。朱熹《语类》卷九十四有一则说："因问：'周子之学，是自得于心，还有所传授否？'曰：'也须有所传授。渠（他）是陆诜婿。'"陆诜是周敦颐的岳丈，余杭人，平生好道，与张伯端关系密切。温公《涑水记闻》载陆诜事，说他是个笃实长厚的人。这条语录记在庆历二年，正是朱熹研读丹经之祖《周易参同契》，托蔡元定入蜀寻购"阴阳鱼太极图",并作《周易参同契考异》之时。这表明到晚年后朱熹对周敦颐太极图同陆诜的关系已有所知。陆诜又与张伯端怎样联系起来的呢?

张伯端《悟真篇序》说:"至熙宁己酉岁,因随龙图陆公入成都,以夙志不回,初诚愈恪,遂感真人授金丹药物火候之诀,其言甚简,其要不繁,可谓指流知源,语一悟百,雾开日莹,尘尽鉴明,考之仙经,若合符契。"龙图陆公即陆诜,这个授给他金丹药物火候之诀的"真人"据薛道光《悟真篇注》与薛氏《悟真篇记》说就是青城丈人刘海蟾。《山西通志》有载刘海蟾授张无梦还丹火候之道。《老子翼》卷三说:"鸿蒙子张无梦,字灵隐,好清虚,穷《老》《易》。入华山,与刘海蟾、种放结方外友,事陈希夷先生(即陈抟),无梦多得微旨,久之入天台山。"可见,刘海蟾和种放、张无梦都是陈抟弟子。张伯端从他那里受得的"金丹药物火候之诀",就应包括陈抟所传的无极图与太极图。陈抟的无极图正是讲炼丹术的。此后六年,他很快写出《悟真篇》,大阐顺行造化与逆施成丹的思想。

周敦颐在庆历六年到至和元年曾任郴县令和桂阳令,这时张伯端也谪戍岭南,两人有可能在这时已相识。以后张伯端一直随陆诜由桂林到成都,他在成都遇真人授丹诀,陆诜是知道的。好道的陆诜也自然会把张伯端得到丹图、丹诀一事告诉周敦颐,所以朱熹在谈到周敦颐的太极图传授时,提及陆诜并非无因。至于碧虚子陈景元是鸿蒙张无梦的高足,希夷陈抟的再传名弟子。蒙文通先生认为景元之学"源于希夷,昔人仅论濂溪、康节之学源于陈氏,刘牧《河图》《洛书》之学亦出希夷,而皆以象数为学,又自附儒家。今碧虚固道士之谈老庄者,求抟之学,碧虚倘视(周敦颐、邵雍、刘牧)三家,为更得其真邪"。陈抟的图也是可以通过张无梦传给陈景元。陈景元与蒲宗孟、周敦颐赋诗唱酬很多，他也曾隐居庐山，与周敦颐同在一地。蒲宗孟更崇拜周敦颐之学，以至亲为周敦颐作墓碣铭。周敦颐或是自己或是通过蒲宗孟而从陈景元处得到图也是完全可能的。这样我们在陈抟与周敦颐之间便找到了更直接的传授环节。

诚然，以上太极图传授线索，是通过能见较早相关文献作出的一个构拟，可称之为"因袭说"，仅为一家之言。此后，朱熹则主要认为太极图是周敦颐一手自创，并无师承，可称之为"自创说"。黄宗炎、毛奇龄认为太极图是对道图的改造，可称之为"改造说"。每一种说法都因文献缺乏而显得证据不足，但其道学渊源却是有目共睹的。

太极图的道学渊源，除了从传人上看，还可以从构成这张图的一些要素上看。第一圈"自无极而太极"。"无极"便来自于《老子》的"复归于无极"，因不见于《周易》，向来被儒家视为异端。而自无极而太极，正来自于道教炼精化气、炼气化神、炼神还虚、复归无极的内丹修炼思想。道教内丹学把人体看成是鼎炉，把体内精气看成是药物，把神识意念看成是火候，通过修炼精气神而结成内丹。该派认为内丹修炼的过程同宇宙生化过程恰好相反，是对太极生两仪、五行，以及包括人在内的万物，这样一个过程的逆反运动，是一个颠倒化生的过程。因此，也称之为逆施成丹。就是说炼精化气、炼气化神、炼神还虚、复归无极的修炼过程，与太极至万物生化的过程是一正一反，一顺一逆的关系，一图而兼有二义。太极图可以从上往下看，这是一个无中生有的过程，即无极—太极—万物；也可以从下往上看，这是一个复归于无极的过程，即万物—太极—无极。最上一圈无极是理和气的弥散状态，理气结合就成了太极，太极有了造化的趋势和走向。故称自无极而太极。这显然也是对内丹学思想的继承。

从上往下，接下来是"阴静阳动"。是以坎离二卦互抱组成的水火匡廓图：右半为外阴内阳的坎卦☵，取水之象；左半为外阳内阴的离卦☲，取火之象；外加一圈即是匡廓。这种两卦相抱的水火匡廓图又可称为"坎离匡廓图"或"取坎填离图"，是道教用来描述铅汞交媾炼制外丹及坎离交媾周天修炼功法的。概括地说，其中黑色代表阴，白色代表阳。而具体针对铅汞交媾的外丹的炼制，黑为铅为坎、白为汞为离。也是《周易参同契》上说："知白守黑，神明自来，白者金精，黑者水基。"朱熹注云："白谓汞，黑为铅。金精言其生于铅，水基能生水也。白黑各一而水为道枢。"黑与白正是铅与汞的自然色。因此，用黑白表示的"铅汞交媾图"或"水火匡廓图"应起源于道教外丹烧炼术，出现是很早的。

再往下是"三五至精图"，画五小圈作"五行各一其性"，这一图也是出自道教，本于《周易参同契》说的"三五与一，天地至精"。"三五"指五行之合：中央土是一五，为天五生土；左火与木共为一五，为地二生火，天三生木；右水与金共为一五，为天一生水，地四生金。此三五之合，归于一元，故又作一小圈表示一元。因而此图又名"五气朝元"。从道教内丹修炼上说，东三木与南二火为一五，在人为元神；西四金与北一水为一五，在人为元精；中宫戊己土为一五，在人为真意。《周易参同契》说："三物一家，都归戊己。"即为"朝元"。"三五"即元神、元精、真意，"一"则指金丹或丹母。还有一种说法认为五气朝元是指真气聚于头顶，练功中收视返听，使五脏得安，五行之气聚于玄关（前额）。《性命圭旨》上说："身不动，则精固而水朝元；心不动，则气固而火朝元；真性寂，则魂归藏而木朝元；妄情忘，则魄伏而金朝元；四大安和，则意定而土朝元。此谓五气朝元，皆聚于顶也。"在唐代朝元炼气（五气朝元）的内丹方法已经形成，在张果的《太上九要心印妙经》中讲"三五一枢要"，就是要"神定则气定，气定则精定，三火既定，并会丹田，聚烧金鼎，返炼五行，运于一气"。"五行者，心主神，肝主魂，脾主意，肾主志，肺主魄，五行聚而化为丹也。聚之诀曰：专于一神，志于一意，守于魂魄，会于丹田。"到唐末五代，朝元炼气的内丹思想已广泛流行，如在钟离权、吕洞宾《灵宝毕法》《钟吕传道集》等中，就把"朝元炼气"同"内视交换""超脱分形"列为钟吕丹道派内炼法的三大门。五气朝元的内炼配合五行生理与四季运行，木为肝气，火为心气，金为肺气，水为肾气，土为脾气。凡当春天肝木气旺时遇上甲乙木日，因木能克土，故当在辰、戌、丑、未等土时，依法起火炼脾气；凡当夏天心火气旺时遇上丙丁火日，因火能克金，故当在兑卦酉金之时，依法起火炼肺气；凡当秋天肺金气旺时遇庚辛金日，因金能克木，故当在震卦卯木之时，依法起火炼肝气；凡当冬天肾水气旺时遇壬癸水日，因水能克火，故当在离卦午火之时，依法起火炼心气。使真气"渐渐升身以入泥丸"，即所谓"朝元"，目的是通过增强自身某气来抵御自然与之相克之盛气的为害。"三五至精图"，不过是叙述这种朝元炼气丹法的道图，它是在五代流行起来的。

第四圈从《太极先天图》"万物化生"演化而来。周氏认为从五气顺布，到万物化生，就事物的产生来说，应该有一个不同性质的分工问题，比如《周易》中的乾道、坤道之分。于是代用原《太极先天图》置于水火金木土两旁的"乾道成男，坤道成女"的标注。并以"无极之真，二五之精，妙合而凝，乾道成男，坤道成女"来进行详解。借用具体可感易解的男女，来说明宇宙造化的乾坤运作。

最后一圈将《太极先天图》"万物化生"的标注下移而成，是上一圈乾坤交合的结果。于是用"二气交感，化生万物，万物生生而变化无穷"来详解。

最后，我们再次提到太极图承传中的重要人物陈抟。陈氏身为道士，又兼通儒、释。《补续高僧传》有云："麻衣和尚者，不知何许人也。当五季之际，方服而衣麻，往来泽潞关陕间，妙达易道，发河洛之秘，以授华山处士陈抟。"又《佛祖统纪》卷四十四曰："处士陈抟，受易于麻衣道者，得所述正易心法四十二章，理极天人，历诋先儒之失，抟始为之注及受河图洛书之诀，发易道之秘。"可见，周敦颐所受陈抟之学，实三教合一之学。

三、人文价值

周敦颐最大的学术成果，便是创制了太极图及《太极图说》。朱熹称此为呈象立意之作，构筑了周敦颐的易学象数体系。其呈象立意，不仅在解释宇宙生成规律过程，更重要的是将社会伦理、人生价值与宇宙自然规则融为一体。他把儒释道对宇宙社会人生的认识十分和谐地融入《周易》的研究上，从而建立了一整套宇宙、社会、人生的哲学。从宇宙无极而太极的生存和谐态到生命蓬勃发展的极尽美感境界，其间贯穿着生命在社会运动中的准则与价值。他为社会运动、人文精神寻找到深层理据，丰富了古代天人合一理念的内涵。其学说对程朱理学的形成具有深远的影响，其文人精神亦树范例。

周敦颐《太极图说》曰："故圣人与天地合其德，日月合其明，四时合其序，鬼神合其吉凶。君子修之吉，小人悖之凶。故曰：'立天之道，曰阴与阳；立地之道，曰柔与刚；立人之道，曰仁与义。'"天地人三位一体是中国古代哲学的特点，对宇宙生成的解释本身便是为社会观念寻找理由。这在《周易》时代便是如此，纬学的特点与成功也在于把社会哲学与自然哲学融会贯通。《易传》早就说"有天地然后有万物，有万物然后有男女，有男女然后有夫妇，有夫妇然后有父子，有父子然后有君臣，有君臣然后有上下，有上下然后理义有所措"。周敦颐《太极图》不仅显示社会人类体现宇宙的发展精神，还强调天地人三者性、行的一致性，这就是人与天地合其德。由此可见，周敦颐的象数易学重在强调"和合"的重要性，突出了事物存在的两个方面互补的一致性。这一哲学推动了宋明理学的形成，亦突显其以人文为核心的价值。

周敦颐哲学不在于摆脱宇宙社会人类一般性发展的天人相应学说，而在于把旧的易学象数八卦体系发展到阴阳五行的体系，从而构筑了他的象数与义理结合的易学。并对太极进行了新的解释："无极而太极。太极动而生阳，动极而静；静而生阴，静极复动。一动一静，互为其根；分阴分阳，两仪立焉。阳变阴合，而生水、火、木、金、土。五气顺布，四时行焉。五行，一阴阳也；阴阳，一太极也；太极，本无极也。五行之生也，各一其性。"

周敦颐认为太极是未分之气，太极本无极，由于一动一静的相互作用而分阴分阳，因而散生两仪。一动一静是太极的运动变化过程，是由于阴阳之间互相牵制发生的动力。由于阴阳而形成五行，五气顺布，四时行运。由五行和阴阳结合而生成万物，这就是太极生成万物的过程。太极是宇宙万物的本源，宇宙万物都是从"无极而太极"分化出来的派生物，皆具有太极的特点。周敦颐依据宇宙生成论说明万物和本源的关系，又以逆顺的方法说明五行里存在阴阳，阴阳里也有太极，太极也具有无极的属性。太极是存在于阴阳二气生成过程中的，这就是从万物证明本体。在周敦颐的哲学里，从宇宙生成过程来看，宇宙万物是从太极中生成的，太极是先于天地万物而存在的，即理是先于各种事物而存在的，但是从本体来看，宇宙万物也具有太极。太极存在于万物之中，相同的宇宙哲理存在于千差万别的事物之中。

周敦颐也从太极和人性的关系来说："唯人也，得其秀而最灵。形既生矣，神发知矣，五性感动而善恶分，万事出矣。圣人定之以中正仁义，而主静，立人极焉。……故曰：'立天之道，曰阴与阳；立地之道，曰柔与刚；立人之道，曰仁与义。'又曰：'原始反终，故知死生之说。'大哉《易》也，斯其至矣。"周敦颐认为，人和其他万物一样由阴阳五行的气化活动而生，是宇宙万物的一部分。从这种阴阳五行的气化过程来看，人和万物是没有不同的。但是宇宙万物当中，人唯独受到阴阳五行之秀而成为万物之灵，具有仁义礼智信五性和善恶判断能力，能够依据人性实现人事的理想。人和其他万物不同的就是社会本性。于是，圣人依据人性确立中正仁义的最高准则——人极。人极就是太极之理的人文表现，人极本于太极。周敦颐从他的宇宙生成论来说明人性与大化归一，皆具"诚"的特点。

周敦颐在其他著作中对《太极图说》作了进一步阐述。如他曾说："诚者，圣人之本，大哉，乾元！万物资始，诚之源也。乾道变化，各正性命，诚斯立焉。纯粹至善者也。故曰：一阴一阳之谓道。继之者善也，成之者性也。元亨，诚之通；利贞，诚之复。大哉，易也！性命之源乎！"周敦颐继承《中庸》"诚"的思想，把"诚"看成一阴一阳的客观自然运动过程。所有的一切事物都禀受到一阴一阳的自然法则作为自己的本性，人性就是人禀受到天道的一阴一阳之道而形成的仁义之道。周敦颐说："天以阳生万物，以阴成万物。生，仁也；成，义也。故圣人在上，以仁育万物，以义正万民。"这就是说，在天道中，阳是生万物的，阴是成万物的，而在人道中，仁是和客体沟通的情感发现，义是情感实现当中的亲疏有等的差别，周敦颐把仁义看作在人性中的生成过程，像阴阳分不开那样，仁和义也是相互依存的关系。这种生成的根据也在于太极。太极本身已经具有生成的功能，如果万物没有本体，就不能进行生成活动。但是从另一面来说，本体就存在于宇宙万物生成过程中，如果没有万物生成过程，本体也不能存在。因此，周敦颐说："二本则一，是万为一，一实万本。"周敦颐把太极和生成关系说成是"二本则一"。从具体的作用来看，天道阴阳的生成过程和人道仁义的展现过程有不同的作用。但是从本体来看，天和人没有区分。

周敦颐认为，太极就是统贯自然的阴阳生成过程和仁义生成过程的本体。在周敦颐思想里，太极和具体的万物就是理一与万殊的关系，虽然具体的事物是多彩多样，但是使万物作用的就是同一的太极，同一的太极也是表现在具体的万物作用中的。周敦颐把前者表现看作"万为一"，把后者表现看作"一为万"。周敦颐认为普遍和特殊分不开，它们之间是相互依存的关系。

周敦颐说："圣，诚而已矣。诚，五常之本，百行之源也。静无而动有，至正而明达也，五常百行，非诚，非也；邪暗，塞也。""礼，理也；乐，和也。阴阳理而后和，君君，臣臣，父父，子子，兄兄，弟弟，夫夫，妇妇，万物各得其理，然后和。"周敦颐认为圣人以诚为本体。因此，诚就是天道之一，表现在人性里为仁义礼智信五常之根本，也为价值理念的根源。我们可以把周敦颐所说的价值理念细化为礼乐。礼就是说明在各种人际关系中尽各自的本分，君、臣、父、子、兄、弟、夫、妇各尽自己的义务，而维持社会秩序。乐是在这种礼的基础之上使各种不同阶层的人相亲相存，说明图谋社会的统一性。朱熹把礼乐看作阴阳关系，而说明礼乐是像阴阳那样分不开的。社会秩序必须以和谐为根据，社会和谐也以社会秩序为依托。周敦颐说明礼乐这种关系的本源就是"诚"这个五常之本。如果不以诚为本而为邪暗所塞，不能实现一个既有秩序而又有和谐的文化价值。因此，人以诚为根据，实现文化价值理念，在实现人事过程中也表现本体。本体就是人事实现的根据，人事就是本体的实现。但是，从人极本于天道的角度来说，价值理念和本体的关系也是本体先于人事，而在另一方面本体实现在于人事之中。周敦颐把本体和万物的作用和人事的关系说明为理一分殊的关系，但是太极先于人性和价值理念而存在。

周敦颐"无极而太极"的理论中，无极是指天地之气高度的融合，而阴阳两者消长是天地运动的现象。无极对宇宙、生命而言都是高度和谐状态，而在心理上也就是平和无欲的美感状态。周敦颐吸收无极理论，把道家表述的长生之秘诀，改造发展成论述天地人物生成的太极图，把无极视为太极之先的存在，把无极看成是和谐的最高境界。对此，黄宗炎曾大为不满。他说："易有太极，夫子赞易而言也，不可云无极。无方者神也，无体者易也，不可图圆相，有者无之，无者有之，恐非圣人本旨。"又说："老氏之学，致虚极，守静笃，甘瞑于无何有之乡，懑（热）然（安静貌）似非人，内守而外不荡，归根曰静，静曰复命。主静，立人极，其亦本此欤？"

黄宗炎批评《太极图说》背离孔子易学思想，正好说明他不知道周敦颐的学术成就恰好在此。宋是儒释道三教高度融合的时代。周敦颐把"无极而太极"看成最高哲学境界，把主体的无极看成最高美感境界。从无极到太极，这种把道家炼内丹的长生术发展到人生的修养过程，以主静为达到和谐状态的方法，正显示了两宋理学新的特点。周敦颐的这一改造获得了成功。他把"无极而太极"看成是道的极致，是总天地万物之理。太极运动促进了一切事物发生发展，而社会人生也必须保持一种太极制衡平和状态，这就是一切自然现象发生变化的终极归向，人发现了这一道理，就必须把行为与心理回归至无极状态，这或许就是理学在认识论上的价值所在。

　　周敦颐《太极图》与《太极图说》的成就在于把无极看成是宇宙、社会、人生的最高境界，它不是道家长生的追求，而是把无极看作人性品格的准则和追求。这就从哲学上对发展自我行为道德取向的最高追求——"仁义礼智信"作出了论述。从而把"无极而太极"升华成社会伦理、人格、心理要求的依据。由此建立从宇宙到社会、人生一整套的性、行相关联的逻辑体系。这种融道于儒的哲学观念，既超越了老庄哲学，也超越了在他之前的儒学易学。形成象数易学与义理易学的高度融合。北宋周敦颐易学体系的出现，原于南北朝以至唐宋以来的三教融合。理学的出现正是这一融合现实所导致的结果。易、道与佛的融合，出现了中国佛——禅。禅是主体心理行为的一种美感。禅的悟定思维反过来影响了对宇宙的理解与把握。融禅于易象，是有宋一代新出现的一种思维方式。周敦颐的影响之大与这一新的思维方式不无关系。正是于此，才为南宋朱熹所崇拜。同时，周子的理论为朱熹确立新儒学理学体系宇宙哲学奠定了基础，在探索社会伦理方面作出了贡献。然而，周敦颐的《太极图说》又是一种主体感悟，即由道家炼丹所达到的一种无极持静心理所体察到的对宇宙状态的理解，因此，是源于主体感悟的象数派。其象数最终目的，在于为"义理"张目、开路而扫除障碍。另外也使社会伦常和人格价值与社会专制发生冲突时，不至于手足失措，能够在心理层上返回到"无极"状态。这是阳刚阴柔在心理层上高度的融合。既保持心志与士人价值，又达到心理层的"无极"和谐状态。这就是周敦颐"无极而太极"哲学思维导致生命完美从而体现的人文价值。

四、对本体论的贡献

本体论哲学是探索一切事物和现象背后起决定作用的那个本体的哲学。它以追求终极实在为依归，以奠定知识基础为任务，以达到终极解释为目标。作为哲学中的一个分支，它属于形而上学最基础的部分。换句话说，所谓本体论，不是研究存在的现象，而是关心决定现象存在的那个作为本体的存在。这是一种形而上的、纯思辨的探索，若以中国传统的哲学术语来表述，则类似于性与天道的问题。

然而，传统儒家关心的是道德实践的问题，对性与天道问题则置之不论，"夫子之文章，可得而闻也；夫子之言性与天道，不可得而闻也"（《公冶长篇》），这个基调从孔子开始就奠定了，虽然后来的思孟学派曾经在这方面有过发展，但是由于种种原因而不受重视。所以，黑格尔评判孔子时说："我们看到孔子和他的弟子们的谈话，里面所讲的是一种常识道德……孔子只是一个实际的世间智者，在他那里思辨的哲学是一点也没有。"因而，对于传统的儒学而言，重要的是人伦处世，而不是"性与天道"之类形而上的关怀，思辨在传统儒学中没有地位。

　　缺乏思辨性的传统儒学，在汉代经董仲舒的改造而被定为一尊，开始具有制度化的倾向。这样一来，后人多不敢逾越原有定论，儒学成了章句训诂之学和晋身之阶，丧失了活力，成为政治的依附，也导致儒学的中衰。魏晋之际，新道家（玄学）的兴起，佛学的广泛传播，都给儒学带来挑战。玄学以"祖述老庄"为标识，建立了以无为本的哲学本体论，抛弃两汉经学粗俗目的论证明方式。正始之际，王弼、何晏倡导玄学，使得聃周当路，与尼父争途，及向秀、郭象之《庄子注》问世，使玄风大畅，儒墨之迹见鄙，道家之言遂盛，玄学一举取代经学而成为魏晋之际的思想主流。然而，对传统儒学冲击最大的还是佛教。从魏晋南北朝到隋唐时期，作为外来文化的佛教，借着玄学氛围，得到了中国士人的接受与认同。因佛学思辨的缜密性远远在于玄学之上，不久佛学即以其精致的思辨哲学特色，取代了玄学并使之佛学化，在当时中国的思想界盛行。佛教所带来的种种冲击不仅仅是学理方面的，还波及生活的方方面面。在世俗生活中，佛教的天堂地狱、因果报应观念也给民众生活带来深刻影响。对传统儒学来说，要应对佛道，特别是佛教的挑战，当务之急是必须在学理上完善自己，必须建立起自己的具有严密逻辑的理论体系，而不是停留在章句训诂，或者是道德说教上。而传统儒学理论体系的弊病，在外来佛教哲学的比较之下，已是一览无余。唐代华严大师宗密说，推方法，穷理尽性，至于本原，则佛教方为决了。宗密看来，在穷尽理性，探究本原的哲学思辨方面，佛学显然优于儒学，佛教法中小乘浅浅之教，已超外典深深之说，而儒学根本无法与之相抗衡。

全部的问题在相互比较之下昭然若揭。在这种较量和挑战面前，儒学要发展，要恢复昔日的尊严，就必须在哲学思辨层面给儒学以形而上的性质。唯有如此，儒学才能从学理上同佛道抗衡。

探求本体也就成了历史赋予宋儒的一个机遇。要改变儒学知人而不知天的弊端，从学理上说，就是要继承和完善对性与天道问题的讨论，从而在理论上为儒学建立形而上的基础。换言之，就是要使儒学哲学化。要想达到这种变革，必须对儒学的内部结构进行调整，摒弃汉唐儒学中的神学目的论内涵，把佛道学说中有关宇宙论、心性论这些具有形上本体论性质的思辨内容，经选择改变后整合到儒学中来，使儒学成为一种以伦理作为宇宙万物本原的本体论哲学。宋儒的努力，实际上也是沿着这个方向践行的。这是一个时代的课题，而周敦颐则恰恰是处在这样的一个转折点上。因而，周子哲学对于儒学学理的发展，具有了深刻的意义和影响。

清初思想家黄百家《濂溪学案》总结说："孔孟而后，汉儒只有传经之学。性道微言之绝久矣。元公（周敦颐）崛起，二程（程颢、程颐）嗣之，又复横渠（张载）诸大儒辈出，圣学大昌。故安定（胡瑗）、徂徕（石介）卓乎有儒者之矩范，然仅可谓有开之必先。若论阐发心性义理之精微，端数元公之破暗也。"从后来的儒学发展现实来看，这个评价无疑是中肯的，而所谓的"破暗"之功，主要体现在他对儒学本体论建构的努力上，说明周敦颐学术上划时代的意义。

周敦颐《太极图说》说：

> 无极而太极。太极动而生阳，动极而静；静而生阴，静极复动。一动一静，互为其根；分阴分阳，两仪立焉。阳变阴合，而生水、火、木、金、土。五气

顺布，四时行焉。五行，一阴阳也；阴阳，一太极也；太极，本无极也。五行之生也，各一其性。无极之真，二五之精，妙合而凝。乾道成男，坤道成女，二气交感，化生万物。万物生生，而变化无穷焉。唯人也，得其秀而最灵。形既生矣，神发知矣，五性感动而善恶分，万事出矣。圣人定之以中正仁义，而主静，立人极焉。

关于这段话的理解，朱熹和陆九渊兄弟有过比较激烈的争论。这场争论首先是因为所依据的版本不同，朱熹依据的是九江周敦颐家传本，而当时尚有其他版本的流传。九江周敦颐家传本首句为"无极而生太极"，而洪迈《宋史》所载本首句为"自无极而为太极"。朱熹认为周家传本中的"生"字是一种误衍，《宋史》所载本"自""为"二字应该删去。因此，他把《太极图说》首句定为"无极而太极"，并以自己的观点对它作了解释。朱熹认为周敦颐的"无极"是"太极"的修饰语，是用以说明太极无方所形状，又初无声臭形响之可言的特征的，并非太极之外别有无极。与此同时，朱熹又把太极释为万化之根的"理"，因而说无极而太极就是"无此形状而有此道理"，从而把无极释为太极的表征，而把太极则当作宇宙的最高本体。陆九渊、陆九韶兄弟不同意朱熹的解释，认为周敦颐的"无极而太极"以"无极"加于"太极"之上是叠床上之床、架屋上之屋。这样，在对周敦颐的无极及其与太极的关系的理解上，朱陆之间便展开了一场激烈的争论。他们书信往返，辩驳再三，但结果却谁也没有说服谁。这个争论可以归结为：周敦颐在《太极图说》中阐述的是宇宙本体论的问题还是宇宙生成论的问题。而这两者的根本区别在于，前者侧重的是宇宙的形而上意义上的本原，是逻辑起点上的问题，是横向的思维，关注的是逻辑上的合理性，可以完全不考虑时间因素；而后者关注宇宙是如何形成的，是时间原点上的问题，是纵向的考虑，时间因素是首要的。

倘若周敦颐在这里强调的是一个宇宙生成论的问题，那么，可以说他的这种见解是毫无创新之处的，因为这种生成论的思维方式，在中国的传统上一直就是占据着主导的地位。《周易》的易有太极，是生两仪，两仪生四象，四象生八卦；《老子》的天下万物生于有，有生于无；以及道生一，一生二，二生三，三生万物；这些都是从生成论角度来谈论的，这里注重的是过程，是时间的流变。由此而奠定的中国传统对形而上问题探讨的基调，亦即中国人讨论宇宙本原问题多习惯于从生成论角度着眼，着重把握的是事物在时间轴上的相续性，而非逻辑上的合理性和完善性，这是传统使然。那么，周敦颐在这里究竟要阐述怎样的观点呢？

再回到陆九渊兄弟与朱熹之间由《太极图说》而引发的争论，陆氏兄弟显然是从宇宙生成论的角度来理解《太极图说》的，他们认为《周易》所说的太极就是宇宙的本原；如果，在"太极"之上再加上一个"无极"，那简直就是叠床上之床、架屋上之屋，并且这样一来，则与老子的有生于无的思维方式相类似了，这显然是来自于道家的。而朱熹的看法则与陆氏兄弟不同，这当然与朱熹要尊周敦颐为道学宗主的个人因素有关。但是，更为重要的是，朱熹从本体论哲学（或者说形而上）的角度出发，对无极而太极的观念作了合乎逻辑的解释。朱熹认为，无极而太极并不是说在太极之外另外有一个无极的存在，无极和太极两者是同一的，无极即是无形，太极即是有理，无极是有中说无，太极是无中说有。然而，如果不言无极，则太极同于一物，而不足为万化之根。同样，不言太极，则无极沦于空寂，而不能为万化之根。简而言之，无极只是无形、无名、无状，但同时它是太极存在的依据。在朱熹看来，太极和无极两者是二而一，一而二的，无极是本体，是万化之根；而太极则是本体所体现出来的功用，所谓无形而有理。

撇开这些争论，我们重新回到上面的这段《太极图说》的引文。如果我们暂时不考虑无极的问题，那么这里的意思就很清楚了，它讲述的是宇宙的生成序列，即宇宙的演化过程的问题。由太极而阴阳，阴阳变合而成五气（水火木金土），由阴阳、五气而成万物，这样，宇宙就由太极而化生成了万物。于是，宇宙生成论的解释也就完成了。这是一种完全传统的思维向度，跟《老子》和《易传》中的宇宙思维模式没有什么两样，即完全是从时间流变角度来思考问题。而周敦颐的功绩恰恰是在于引进了被陆氏兄弟称为叠床上之床、架屋上之屋的"无极"的观念。"若论'无极'二字，乃是周子灼见道体，迥出常情，不顾旁人是非，不顾自己得失，勇往直前，说出人不敢说的道理，令后之学者晓然见得'太极'之妙，不属有无，不落方体。若于此看得破，方见得此老，真得千圣以来不传之秘。"

"太极，本无极也。"不管是"无极而太极"，还是"自无极而太极"，在这里，周敦颐是对传统宇宙生成论模式扬弃的结果。在传统观念中，宇宙本原是"太极"，万物是由"太极"不断发展而来的，这样的生成论解释方式完全是没有问题的。但是，以传统的观念，"太极"是一个实体性的概念，既然它是一个实体性的概念，那它显然不是终极的，无法以它作为本体，它的存在也是必有所依的。而这种所依，只是一种逻辑上的假定，而不是时间上的必然。这里的推理过程，类似老子所言的"天下万物生于有，有生于无"。同样，也是一种逻辑上的推断。

结合周敦颐的《通书·动静第十六》，我们会对此有一个比较深入的理解。

> 动而无静，静而无动，物也。动而无动，静而无静，神也。动而无动，静而无静，非不动不静也。物则不通，神妙万物。水阴根阳，火阳根阴。五行阴阳，阴阳太极，四时运行，万物终始。混兮辟兮，其无穷兮！

这段话中最重要的，就是周敦颐对于"神"的描述。"动而无动，静而无静，神也。"这就是说，它的"动"是既处于动的状态，又没有处于动的状态，但你又不能说它不动；同样，它的"静"也既处于静的状态，又没有处于静的状态，但你也不能说它不静。"神"所揭示的是动中有静，静中有动，而且这种动静是不同于一般意义上的动静。因此，"神"不是太极，太极是"动而生阳，动极而静。静而生阴，静极复动。一动一静，互为其根"，太极的"动静"有着相互区别的规定，动生阳，而静生阴；从动到静或从静到动，都要经历一个发展过程（"动极而静""静极复动"）。那么，这里的"神"究竟是什么？"动而无动，静而无静，神也"，其实很好地解释了何为"神"。动而无动，静而无静，它表明这不是时间观念下的动与静，而是具有形而上意义的动与静，它表征的不是实体的静止与运动，而是逻辑的演变。而这种逻辑的演变，导致的结果是"妙万物"。何为"妙万物"？即使万物成为万物，但是这种成为是一种逻辑上的结果。因此，我们可以说，"神"也就是无极。而"神"的作用，在这里，其实是类似于《老子》所说的三十辐共一毂，当其无，有车之用。埏埴以为器，当其无，有器之用。凿户牖以为室，当其无，有室之用。故有之以为利，无之以为用。这样，周敦颐以"神"的概念充实了无极的内涵。这段话与上面所引的《太极图说》联系起来，意思也就很明显了。无极是宇宙的本体，它具有"神"的特征。而太极是本无极而来的，因为"神"的作用，由太极而成五行阴阳，化生万物。从太极到万物的演化过程，是宇宙生成论的解释模式；而从无极到太极，则是宇宙本体论的解释。"神"的概念则深化了宇宙本体论的意味。因此，"无极"概念的引入，对于传统儒学的变革是具有深远意义的，它表明儒学对宇宙本体的思考，不再停留在传统的宇宙生成论路向，而进入了本体论视阈，在传统的时间性因素之外，儒学开始自觉地探讨其理论的逻辑合理性问题。

但是，周敦颐的这种宇宙本体论形式还是相当粗糙的，而且和生成论的观念夹杂不清，这一点从陆氏兄弟的观点就可以看出，因此只能说是本体论的一种雏形。而且，正如上面分析所显示的那样，周敦颐在阐述他的本体论观念时，自觉不自觉地使用了很多佛道的概念和思维方式。钟泰在《中国哲学史》中就指明了这一点。这一情况也使后来很多人对周敦颐颇有微词，陆氏兄弟就是一个典型。"明有不尽，则诬世界乾坤为幻化，幽明不能举其要，遂蹰等妄意而然，不悟一阴一阳范围天地，通乎昼夜，三极大中之矩，遂使儒、佛、老庄混然一途。语天道性命者，不罔于恍惚梦幻，则定以'有生于无'为穷高极微之论，入德之途，不知择术而求，多见其蔽于波而陷于淫矣。"周敦颐的本体论具有了太多的佛道痕迹，而他自己又被称为"穷禅客"，出入佛道，所以对于他的种种误解也是很自然的事情。

不管在实际生活层面，周敦颐是如何接近佛道，但在思想的层面，周敦颐终究是一个儒者，而这主要体现在他对儒家道德本体论的建构之上。

第 5 章

《通书》博综 心性醇化

　　周敦颐一辈子著作不多，保留下来的就更少，仅存《太极图》《太极图说》《通书》及少量诗文。而其中最重要的文字，主要是《太极图说》和《通书》。《太极图说》前面已作介绍。《通书》亦名《易通》，是一部发挥《易》理的著作。《通书》共分四十章，十分简约，只有二千六百多字，但所论及的问题却极为广泛而深刻。虽然是一部解《易》的书，但它的风格不同于当时其他易学著作。这部书不对《周易》进行逐卦逐句的解说，《易通》所涉及的卦名只有乾、损、益、家人、睽、复、无妄、讼、噬嗑、蒙、艮等。它只是有选择地引用《周易》中的若干经文，进行阐述发挥，用以表述自己的观点。《易》集中体现了天地形成的奥秘和圣人之道与造化同源的思想。《通书》又不仅仅是一部易学著作，其中还容纳和贯通了《中庸》中"诚"的思想，也涉及儒家其他经典的一些内容。《通书》是周敦颐的重要学术著作，历来受到理学家们的极度推崇。宋时的胡宏说："此一卷书，皆发端以示人者，宜其度越诸子，直以《诗》《书》《易》《春秋》《语》《孟》同流行乎天下。"《通书》竟赢得了与儒家经典并列的重要地位。和《太极图说》

大讲无极太极、阴阳五行等天道方面内容不同，《通书》则重视圣人之本、道德修身、礼乐刑政等人事方面的内容。

一、与《太极图说》的关系

关于周敦颐的著作，目前所知最早也是最权威的记载，当推潘兴嗣的《濂溪先生墓志铭》一文。潘氏在文中称周敦颐"尤善谈名理，深于《易》学，作太极图易说易通数十篇，诗十卷，今藏于家"。这句有关周敦颐著作的话，断句有很多分歧。传统是按朱熹之说来断："作《太极图》《易说》《易通》数十篇。"朱熹是收集整理和注解周敦颐著作并弘扬其思想的第一人。按朱熹的说法，潘《志》所记周敦颐著作当为三种，而其中的《易说》一种当时就已亡佚。近人亦有对潘《志》所记重加断句者，认为周敦颐并未作过《易说》，而只是作了《太极图·易说》和《易通》两种。

朱熹认为《易通》疑即《通书》。盖《易说》既依经以解义，此则通论其大旨而不系于经者也。只是不知其去"易"而为今名，始于何时。朱熹此疑的证据就是潘《志》所记书名。但朱熹的学生度正却别有一说，据他推论《易通》是另一书。后来度正的推论无人认同，而朱熹之疑则影响颇大。

从《通书》流传的实际状况看，早在朱熹之前，胡宏为之作序，祁宽为之作跋，都已作《通书》了。又《宋史·朱震传》载朱震于宋高宗绍兴四年（1134）所上《汉上易解》的"经筵表"中，亦谓"敦颐作《通书》"，说明此书在南宋初期已名《通书》。据祁宽的跋文，此书之流传主要出自程门，推想下来可能是二程兄弟或程门中人所改。至于为何有此一改，究竟何人所改，早在朱熹时已无从考定。

《通书》与《太极图说》，两者流传一开始就结下了不解之缘。这一关系可从两方面考察，一是关于版本的，一是关于义理的，而后者的重要性应该说要在前者之上。

先看版本关系。祁宽在绍兴十四年（1144）所作的《〈通书〉后跋》中说："（《通书》）始出于程门侯师圣，传之荆门高元举、朱子发。宽初得于高，后得于朱。又后得尹和靖先生所藏，亦云得之程氏，今之传者是也。逮卜居九江，得旧本于其家（周敦颐家），比前所见，无《太极图》。或云《图》乃手授二程，故程本附之卷末也。"

祁宽本人就是上文《〈通书〉后跋》中所提及的"尹和靖"的弟子，他经眼的《通书》共有三种本子，其中两种出自二程及门弟子。一种由程颢弟子侯师圣所传，一种由程颐晚年高足尹和靖所传，一种是九江周敦颐后人家中所得传本。程门传本与周氏家传本在《通书》部分的内容基本相同，祁宽仅"校正舛错三十六字，疑则阙之"。而它们的最大区别，就在于前者卷末均附有《太极图》，后者没有此图。对这个重大区别，祁宽只作了难以令人满意的含混解释："或云《图》乃手授二程，故程本附之卷末也。"从"或云"二字来看，也许只是道听途说而已。据谁所说他没有讲。作为程颐二传弟子的祁宽，大概是从师门中听说的吧？这还不是问题的关键。最关键的是，在九江周氏家中是否另有单独的《太极图》（并《说》）的本子？祁宽没有说。按常理来推的话，如果有此单独的本子，他应该会讲。这一问题之所以关键，是因为后来有不少人怀疑《太极图》非周敦颐所作。

据目前所知，《太极图》（并《说》）在南宋初年刊刻时，均附在《通书》之后。一直到朱熹两次校订《通书》后，《太极图》（并《说》）开始从末附变成了篇首。朱熹初校《通书》完毕，是在宋孝宗乾道五年（1169）。当时，朱熹经眼的世传本子已有春陵本、零陵本、九江本和长沙本四种。这些本子都以程门传本为准，即于卷末附有《太极图》。但在朱熹看来，世传的本子统统本末倒置了，必须重新加以厘定。于是，他以四个本子中"最详密"的长沙本为底本进行校勘。长沙本是胡宏的传本，所谓最详密者，就是指其所附铭碣诗文，视他本则详。可朱熹认为此本也有问题：除了前面提到的《图》与《书》本末倒置之外，长沙《通书》，因胡氏所传篇章不是原有次序，又削去分章之目，而另外以"周子曰"加在引文前，非周子著作原貌。朱熹的这个初校本，就是建安本，书名则定为《太极通书》。

十年后，即宋孝宗淳熙六年（1179），朱熹完成了对《通书》的再校。再校之缘起，是由于朱熹又得《通书》的临汀杨方本，以此与建安本对勘，知道建安本也有很多错误没有改正，所以再加校对。再校实际只是对建安本作了一些小改动。当时，朱熹正主南康军，这个再校本就刊于南康军的学宫，后来称之为"南康本"。南康本遂成为周敦颐著作的最初定本，后世流传的《周子全书》《周元公集》《周濂溪先生集》《周敦颐集》等种种版本，都是在这个南康本的基础上不断增添后人的文字而衍变成的。

版本的情况即如上述，从中我们不难发觉，朱熹的改动实无多大考据上的支持。他把《太极图》（并《说》）从《通书》末附变成了篇首，依据的材料仅潘《志》一证。但潘《志》对《太极图》和《易通》是分别记载的，当中还夹了一种《易说》，且不论《易说》与《太极图》是分还是合。所以，朱熹的改动，未必就符合潘《志》之实。至少，他无法解释祁宽所经眼的周氏家传本《通书》为何无《图》的问题。对这一漏洞，朱熹不会不知道。因此从实质上讲，他之所以有此一改，原因主要不是出于考据，而恰恰是出于义理，即出于他个人对周敦颐思想的理解、诠释和评价。

在建安本和南康本的后序中，朱熹反复强调了一个最基本的思想，即《太极图》是《通书》之纲领，而《通书》则是《太极图》之展开。我们不妨以"建安本"后序的内容来看看朱熹的意见："先生之学，其妙具于太极一《图》。《通书》之言，皆发此《图》之蕴。而程先生兄弟语及性命之际，亦未尝不因其说……先生既手以授二程，本《图》附《书》后，传者见其如此，遂误以《图》为《书》之卒章，不复厘正。使先生立象尽意之微旨，暗而不明。而骤读《通书》者，亦复不知有所总摄。此则诸本皆失之。"朱熹这么说，当然也无不可，因为它不是考据的，而是义理的。考据必须强调澄清具体的事实，而义理则可以见仁见智，依据各人的哲学主张作出不同的理解和评价。但唯其是义理的，故亦容易引出争议。

最先对朱熹关于《太极图》（并《说》）与《通书》关系见解发难的，是陆九渊、陆九韶兄弟。陆氏兄弟在与朱熹关于"无极太极"之辩时，连带涉及了《太极图说》与《通书》的关系问题，他们在《与朱元晦》一文中认为：《太极图说》与《通书》不类，疑非周子所为。不然则或是其学未成时所作。不然，则或是传他人之文，后人不辨也。盖《通书·理性命》章言："中焉止矣。二气五行，化生万物。五殊二实，二本则一。"曰"一"曰"中"，即"太极"也。未尝于其上加"无极"字。《动静》章言"五行""阴阳""太极"，亦无"无极"之文。假令《太极图说》是其所传，或其少时所作，则作《通书》时，不言"无极"，盖已知其说之非矣……朱子发谓濂溪得《太极图》于穆伯长，伯长之传出于陈希夷，其必有考。希夷之学，老氏之学也。"无极"二字出于《老子·知其雄》章，吾圣人之书所未有也……《太极图说》以"无极"二字冠首，而《通书》终篇，未尝一及于"无极"字。二程言论文字至多，亦未尝一及"无极"字。假令其初实有是《图》，观其后来未尝一及"无极"字，可见其道之进，而不自以为是也。

这里，陆氏兄弟提出三种可能：其一，《太极图说》可能不是周敦颐所作；其二，如果是周敦颐所作，可能也是其思想没有成熟时的作品；其三，可能是周敦颐传他人之文，后人不辨而误为周氏之作。前两种可能的主要依据是，《通书》终篇及二程文字中，从未提到过"无极"这个概念；后一种可能的依据是，朱震在"经筵表"陈述中提到，周敦颐之《太极图》来自华山道士陈抟，并非其自创，而"无极"概念出自《老子》一书，因此不是儒家的传统思想。

朱熹对二陆发难的回应，主要集中在解释"太极"与"无极"的关系上，而且颇参以己意。陆与朱之争的立意，关键本不在于两书的关系问题，而在于对周敦颐哲学的宇宙论和本体论的理解问题。倘纯就两书的关系而言，二陆的证据还不够充分，就如黄宗羲所说的那样是仅仅缠绕在无极、太极的字义先后之间。但其指出最后一点，即《太极图说》与道家和道教有很大关联，却颇启后来清初学者的思路。

进入清代，考据之学大盛，出现了所谓的汉宋之争，而《太极图说》又成为众多学者感兴趣的题目。如黄宗羲作《易学象数论》，黄宗炎作《太极图辨》，毛奇龄作《太极图说遗议》，朱彝尊作《太极图授受考》，胡渭作《易图明辨》等，把朱陆之争及元明时期的吴澄、曹端、罗钦顺、刘宗周等关于《太极图说》"理气"问题的义理之争，转而纯为考据的问题。

清儒对义理问题虽不感兴趣，但在考据上却花了很大力气。他们找出了不少证据：有的证明其本于陈抟刻在华山石壁上的《无极图》；有的证明其来自《道藏》的《真元品》；有的证明其从佛教华严大师宗密的《禅源诠集》之《十重图》转出。由此，他们得出结论：《太极图说》虽出自宋儒周敦颐，实本之释道所传，非儒家正统。而黄百家在《宋元学案》中，干脆把被朱熹颠倒过来的《图》《书》次序，重新交换次序，理由是《太极图说》后儒有尊崇它的，也有非议它的，不像《通书》那样纯粹无疵。

清儒的考据言之凿凿，为后来众多学人所接受，当然也有人再作考证文章以翻清儒之案。但这些考据，实与义理之争关涉不大。周敦颐的确从佛道那里汲取不少思想成分，这是毋庸讳言的。周敦颐实际是一个心胸洒落、气象宏大的智者，虽其价值取向的立足点始终在儒家，但却广涉佛道学说，也不忌讳与方外道僧交往。他本人从未自许以辟佛老为己任，就如后来的张载、二程那样。只是朱熹为了强调儒家的"道统"，所以要曲意辩解，说他是个纯儒。

祁宽为《通书》作跋时也提出，该书字不满三千，道德、性命、礼乐、刑政，各举其要。而又名之以"通"，给予后人的启示颇多。学习者应尽心详览。可见，《太极图说》重视天道的演进，而《通书》则偏重于人道的阐发。关于《太极图说》与《通书》的关系，朱熹认为，周子留下《太极图》，若无《通书》，却教人如何晓得。故《太极图》得《通书》而始明。也就是说，《太极图说》所讲的宇宙化生原理，最终要在《通书》的伦理政治中方得以落实，天道最终要通过人道才获得确定的意义和内容。由于周子乃至整个理学的天道论需要吸收借鉴道家佛家的学说，故显得杂驳，不像其人道论主要是儒家的政治伦理。所以，《通书》比《太极图说》得到更为广泛的肯定。黄百家说，周子之《通书》，所论纯白而无瑕，不像《太极图说》这儒非儒、老非老、释非释的内容。《太极图说》与《通书》作为周子的《易》学著作，在学术思想方面有相通的地方。如《太极图说》有"五行一阴阳，阴阳一太极"，而《通书》也有"五行阴阳，阴阳太极"之说；《太极图说》有"无欲故静"，《通书》也有"无欲则静虚动直"。可见，《太极图说》《通书》在有关天道论、人道论中许多说法都是一致的。

　　总之，《通书》与《太极图说》的关系十分密切，要了解周敦颐的思想，两者以互参为佳。不宜区分两者在反映周敦颐思想方面孰重孰轻，因为二者在很多方面是相互渗透的。《太极图说》绘宇宙生成演化，兼及人生修养；《通书》论性命道德之本，推源至宇宙大化。

二、修养论

　　周敦颐十分注重个人的内在修养，其《通书》四十章，有十七章是有关修养问题的论述。修养的目的是追求内圣外王的境界。为此，他给内圣外王树立了两个光辉的榜样——颜回和伊尹。他说："伊尹、颜渊，大贤也。伊尹耻其君不为尧舜，一夫不得其所，若挞之于市。颜渊不迁怒，不贰过，三月不违仁。志伊尹之所志，学颜子之所学，过则圣，及则贤，不及则亦不失于令名。"

　　伊尹是推行王道的典范，他以天下良好秩序的建立为己任，上至君王，下及黎庶，匡君救民。伊尹辅佐成汤灭夏，成汤死后伊尹成为太甲的宰相，可是太甲是个道德败坏的昏君。

伊尹屡谏不纳，当他发现太甲不能迁善改过时，便当机立断将太甲放逐到桐宫，自己兼管国政。太甲居桐宫三年，得到了一次灵魂洗礼的机会，悔过自新，于是，伊尹迎帝太甲而还授国政。伊尹的这些行动完全是为了天下有道有德。所以孟子称赞说，如果不合道德标准，即使给他千辆马车，敌国大富，他也不会接受；如果不合道德标准，即使一丁点儿东西，他不会向人索求，也不会随便给予。至君尧舜，君清民纯，是伊尹王道的一种理想，周敦颐把它当成是人类共同的理想来提倡、来追求。

儒家提倡达则兼济天下，穷则独善其身。如果说伊尹是兼济天下的外王典范，那么颜渊则是独善其身的内圣楷模。颜渊是孔子的弟子，姓颜名回字子渊。他以内修求得心态的平静与喜悦，深得孔子修养之真味，因而也多得孔子赞许。颜渊在贫困中度过了他短暂的三十二个春秋，身居逆境求道为乐。孔子说："贤哉！回也。一箪食，一瓢饮，在陋巷，人不堪其忧，回也不改其乐。贤哉！回也。"颜子所求之道为从孔子那里学到的仁爱之道。《论语》记载颜渊问仁，孔子说，克己复礼为仁；一日克己复礼，天下归仁。颜渊想知道得更具体些，孔子告诉他非礼勿视，非礼勿听，非礼勿言，非礼勿动。颜渊闻之则行，孔子后来称赞他三月不违仁，对他热爱学习，并身体力行的作风加以褒扬。当鲁哀公问孔子，他的学生哪个最爱学习时，他说只有颜回好学，不把对甲的怒气发泄到乙身上，不重复犯相同的错误，不幸英年早逝了，现在没有好学的学生了。

伊尹、颜子是周敦颐树立的积极向善的榜样。此外，周敦颐还树立了一位能迁善改过、闻过则喜的样板，那就是仲由。仲由，字季路，或称子路，是孔子的弟子。因其争强好胜，办事不免有时莽撞，错误也就在所难免，常遭到孔子的批评。面对他人的批评与指责，仲由能有发自内心的喜悦，这就不能不令人佩服其胸襟的坦荡。所以，周敦颐说"仲由喜闻过，令名无穷焉。今人有过，不喜人规，如护疾而忌医，宁灭其身而无悔也"。人一辈子不可能避免错误的发生，而对待错误的态度，就成了道德修养中重要的环节。《通书·幸第八》说"人之生，不幸不闻过，大不幸无耻。必有耻，则可教；闻过，则可贤"。周氏这段也从另一个角度肯定仲由闻过则喜的精神。

有了正确的修养方向就不会误入歧途，取得修养成果也势在必得，只是成果有大有小。超过伊尹、颜渊就能成为圣人，赶上伊尹、颜渊就能成为贤人，就是暂时还没有达到他们的境界也会有个好名声。有了一个明确的修养目标，那又通过什么样的途径，采用什么修养方法来达到目标呢？

首先是要立志。"志"是志向、意愿。知道什么是好的方向和目标后，你却无心朝着这个方向去走，那也徒然，至多是个旁观者而并非修炼者。得从内心有身体力行的愿望才成，所以周敦颐提出"志伊尹之所志，学颜子之所学"。伊尹被起用之前，置身民间，志向虽有若无，而做了成汤的宰相之后，则宏图大展。对此，朱熹认为志在行道，独善兼济，相时而动。他说："志伊尹之所志，不是志于私。大抵古人之学，本是欲行。伊尹耕于有莘之野，而乐尧舜之道，凡所以治国平天下者，无一不理会。但方处畎亩之时，不敢言必期于用耳。及三使往聘，便向如此做去，此是尧舜事业。"大道之行，天下为公，抛却一己之私后，不管处在什么位置也都一样能心悦神静。然而精进之心则一刻也不可废，也就是君子效法天道，当自强不息，而并不以此求得什么。

其次是要善思。要理解善思之"善"，得对周敦颐宇宙本体及造化规律有所了解，也应当涉猎他倡诚主静的观念。人都希望自己善思，但宇宙负阴抱阳的构造，决定你越是努力去思考，去发挥你的后天智慧和能力，就可能越发削减先天的感悟能力，背道而驰。反者，道之动。因而，周敦颐说："《洪范》曰：'思曰睿，睿作圣。'无思，本也；思通，用也。几动于彼，诚动于此，无思而无不通为圣人。不思，则不能通微；不睿，则不能无不通。是则无不通生于通微，通微生于思。故思者，圣功之本，而吉凶之几也。《易》曰：'君子见几而作，不俟终日。'又曰：'知几，其神乎！'"思不可缺少，又不能执着，虽然思可以至睿作圣，但这都是思通之后所得的"用"，只有无思才是"本"，圣人是无思而无不通。这大约是周敦颐主静，达到与造化一体时物我相通的无极状态。对于《洪范》"思曰睿，睿作圣"，东汉郑玄注释说："圣，通而先识也，是言识事在于众物之先，无所不通，以是名之为圣。圣是智之上，通之大也。"只有通过诚意静心，才能达到"二千年远事，而今只在眼前头"（周敦颐《读易象》）的心通境界。

再就是仁爱。孔子认为，仁者爱人。仁爱是人际关系和谐发展的前提条件，社会成员之间能互爱互敬、取长补短，就能成就善行，抑制不良品德的滋生。《通书·爱敬》篇说：见到他人有善行而自己不如，就努力向善者学习；见到他人有不善的行为，就真诚地给他指出，并加以规劝，只要能改正不良习性，仍属有德君子。有的人是兼有善恶两种倾向，就学习他好的一面，对他不好的方面进行规劝。即便有人错误不断，还是对他寄希望于未来，但愿有一天他能改过自新。只有这样才会爱心永驻。周敦颐的这种泛爱思想，法天则地，是与天地合其德的圣人心理的反映。这与《通书·顺化》中所讲天地亦仁义的基本内核是一致的。他说："天以阳生万物，以阴成万物。生，仁也；成，义也。故圣人在上，以仁育万物，以义正万民。天道行而万物顺，圣德修而万民化。大顺大化，不见其迹，莫知其然之谓神。故天下之众，本在一人。道岂远乎哉！"天地生万物，圣德化万民，不以仁爱，无以为化。

周敦颐修养方法最为重要的还是"诚"与"主静"。因其内涵较为丰富，下面分层独立介绍。

诚

"诚"是周敦颐学说体系的核心范畴，是人生的最高境界，是道德的最高原则，是天道与人道统一的本质属性。周敦颐的诚直接导源于《易传》和《中庸》，并深受唐代李翱的影响。《易传·文言》说："君子进德修业。忠信，所以进德也；修辞立其诚，所以居业也。"明确提出诚信是进德修业的重要内容。《中庸》说："诚者，天之道也；诚之者，人之道也。"又说："惟天下至诚，为能尽其性；能尽其性，则能尽人之性；能尽人之性，则能尽物之性；能尽物之性，则能赞天地之化育；可以赞天地之化育，则可以与天地参矣。"《中庸》言诚，已关涉到天道、人道以及天人合一之道三个方面，但对于诚的来源和具体含义是什么，并没有明确的答案。《中庸》而后，许多思想家都谈到诚，皆未有新的理论阐发，诚重新被赋予新的理论意义，当推唐代的李翱。李翱一方面接受《中庸》"诚者，天之道"的观点，一方面又以佛说诚。在其《复性书》中，李翱把圣人之性的至诚心态，理解为本无有思，动静皆离，寂然不动，认为性善情恶，复性必先息情。他又说："诚者，定也。"诚即定，定即不动心。这与佛之禅定如出一辙。李翱以佛说诚，显然不能满足儒学排拒佛道的意愿，同时又与《中庸》相去甚远。周敦颐在《中庸》和李翱"诚"说基础上，将《中庸》道理又翻新谱，援佛道入儒，创立了以诚为中心的理学思想体系。

周敦颐所创理学的基本特征就是将伦理提高为本体，以重建人的哲学。周敦颐一向被认为是理学开山，《通书》全书展示了其以诚为中心的理学思想，也体现了这一基本特征，其首章《诚上》即说：

> 诚者，圣人之本。大哉乾元，万物资始，诚之源也。乾道变化，各正性命，诚斯立焉，纯粹至善者也。故曰一阴一阳之谓道，继之者善也，成之者性也。元亨，诚之通，利贞，诚之复。大哉易也，性命之源乎！

这里，周敦颐把《易传》与《中庸》熔于一炉，以《易》《庸》互训的手法，论证了"诚"为天道的本质属性，企图在天道与性命之间架起一条沟通的桥梁，为儒家的道德本体论确立一个天道自然的哲学基础。一方面将天道看作由一阴一阳所支配的客观外在的自然运行过程，另一方面又把天道看作决定人的本质存在的内在依据。

具体言之，周敦颐认为"诚"来源于天道。所谓"大哉乾元，万物资始，诚之源也"，即说明了这一点。"乾元"一词出于《易传·彖辞》，乃万物生化的本源，即太极。周敦颐认为万物资天以生，始于乾元。同样，诚也源于乾元，从天获得。所以从一定意义上说，诚又体现了天道。诚与乾元即浑为一体的太极，故朱熹解释说："诚即所谓太极。"可见，诚由此具有本体的形而上的哲学意义。

其次，正因为诚来源于天道，所以它同天道一样，也有一个生成发展的过程。周敦颐通过对《周易》的解说阐明了这个道理。所谓"乾道变化，各正性命，诚斯立也"。即是说万物在确立其形体、实质的同时，也就确立了诚。按照《周易》的说法，宇宙是一个生生不息、大化流行的实体，表现为元、亨、利、贞的生成发展过程。所谓元是指万物之始；亨是指万物之长；利是万物之遂；贞为万物之成。这本来是表现自然万物的发展变化过程，周敦颐却以之与"诚"相联系，认为"元亨，诚之通，利贞，诚之复"。通明晓达是仁义善良心性与造化合一的结果，和谐贞正是诚性形成的体现。由此说明，诚同宇宙万物一样，经历了一个形成、发展的变化过程，乾之四德同样具有了道德价值属性。周敦颐言诚以乾元为本源，通过乾道的变化而始确立，诚被看作天道的一个本质属性。"诚"由此上升到本体论的哲学高度，为儒家道德本体论确立了天道自然的哲学基础。

周敦颐沿着《中庸》的致思理路，言天道必落实于人道，并以诚作为沟通天道与人道的中间环节。从此奠定了宋明理学由宇宙观到伦理学这种理论的逻辑结构，援天道而入人道。周敦颐的人道之诚即诚的伦理学意义，主要集中在以下几个方面：其一，诚是天道即太极的本质属性，因而也是人伦道德的本原；其二，诚是人伦道德的理想境界；其三，诚是道德修养的途径和功夫。

诚首先是天之道，然后才是人之道。因而人之诚根源于万物资始的"乾元"，即天之道。这是诚作为道德起源的第一层含义。不仅如此，诚也是人伦道德的总汇，这是诚作为道德起源的第二层含义。关于第二层含义，周敦颐说：

圣，诚而已矣。诚，五常之本，百行之源也。静无而动有，至正而明达也。五常百行，非诚非也，邪暗塞也。故诚则无事矣。

周敦颐既把诚视作仁、义、礼、智、信诸道德规范的根本，又当作以孝、悌、忠、信为核心的一切道德行为的根源，可以说诚集人伦道德之大成，若有了诚，也就具备了所有的人伦道德的基础。正因为如此，周敦颐认为诚是圣人之本。这样，诚又成了人伦道德的理想境界。

道德理想是一定道德原则和道德规范的概括和总结，是一定阶级或社会对人们行为要求的最高标准。周敦颐的道德理想是圣，即诚。"圣，诚而已矣"；"诚者，圣人之本"。圣人为什么以诚为本呢？这是由诚本身固有的功能决定的。周敦颐说：

> 诚，无为；几，善恶。德，爱曰仁，宜曰义，理曰礼，通曰智，守曰信。性焉、安焉之谓圣。复焉、执焉之谓贤。发微不可见，充周不可穷之谓神。

> 寂然不动者，诚也，感而遂通也，神也；动而未形，有无之间者，几也。诚精故明，神应故妙，几微故幽。诚、神、几，曰圣人。无思，本也；思通，用也。几动于彼，诚动于此，无思则无不通，为圣人。不思，则不能通微；不睿，则不能无不通。是则无不通，生于通微，通微生于思。故思者，圣功之本，而吉凶之几也。

周敦颐这里说明，内心寂然不动，即无思无为，是人们心性未受外界影响时的本来面貌，源于纯粹至善的天道，这是"诚"的本体。当其感于外物，明照通达，这就是潜意识的活动，这就是"诚"的功用。几（机）作为哲学范畴，首见于《易传·系辞下》："几者，动之微，吉之先见者也。"意谓吉凶祸福的先兆。周敦颐的思想体系中，机是善恶的分界线。一念初动，动而未形，介于已发未发之间，则有善有恶，这就叫"机"。周敦颐认为，圣人与天地合其德，诚无不立，几无不明，德无不备，感而遂通，圣人具备诚、神、机三者统一的品

105

格，所以说"圣，诚而已矣"，"无思，本也；思通，用也。几动于彼，诚动于此，无思而无不通，为圣人"。"圣人"就成为周敦颐追求的理想的道德境界。

作为人伦道德的理想境界，必须经过道德修养的途径和功夫方能达到。这在周敦颐看来，首先表现为坚强的道德信念、坚定的道德意志和执着的道德情感。诚是和任何私欲、贪戾、邪恶相对立的，立诚必须惩忿窒欲，迁善改过。他说："君子乾乾不息于诚，然以惩忿窒欲，迁善改过而后至。"诚就是要自强不息，百折不挠，不为任何艰难困苦所转移。努力去除不好的思想，一心向善就可达到诚的境界。其次表现为道德修养上的主静说。周敦颐认为诚是一种寂然不动的本体状态，诚有无为、无欲的内涵。所以，在道德修养中必须时时抑制愤怒的贪欲，使心情平静，这一思想将在下文专门介绍。诚同时表现为一种修养的功夫，品行端正，是心性诚敬的结果，心诚又是不断克服错误想法的结果。"心诚"自能身正，"诚心"则可复善，重视道德精神在道德选择和道德目标实现中的重要作用，是周敦颐"诚"的深刻内涵。人类的道德行为以道德主体的自觉性为基础，具有非强制性的本质特征。人的道德选择和道德目标的实现必须遵循客观规律，同时必须发挥主体精神的能动性。周敦颐认为诚则无事，诚精故明，只要有了诚，然后就无须用功，专一于诚也就可以明照通达，无所不能。周敦颐认为这重境界要内修践行方能体察，上文提及的《读易象》中有所流露。

周敦颐建构的宇宙本体论并不是一般地探讨宇宙的本质，而是为了让儒家伦理观念上升到一般普遍的认识信条，为儒家伦理思想寻找哲学依据。因此，周敦颐先建立宇宙本体而后建立心性本体，在沟通天人关系之后，由内而及外，立体而达用，通过层层推进，最后由心性内圣导出经世外王，以实现理想的社会秩序，即封建社会的有序和谐。在周敦颐看来，"诚"是实现天下大治的根本前提。他说：

> 治天下有本，身之谓也；治天下有则，家之谓也。本必端，端本，诚心而已矣；则必善，善则，和亲而已矣……身端，心诚之谓也。诚心复其不善之动而已矣，不善之动，妄也；妄复，则无妄矣；无妄则诚矣。

周敦颐根据《礼记·大学》的立意，突出《大学》格物、致知、诚意、正心、修身、齐家、治国、平天下八目中的最后一目，把修身和齐家作为治天下的根本和原则。认为身正必先心正，所以说"端本，诚心而已矣"。齐家必先有法，最好的法就在于和亲，和亲就是和其所亲。家庭成员皆为亲人，贵在于和，所以说"和亲而已矣"。这里，周敦颐以"治天下观于家，治家观于身，端身在诚心，诚心在复其不善之动"的逻辑顺序，把平治天下的社会理想归其要于诚。据此，周敦颐提出了著名的"顺化"思想。他说："天以阳生万物，以阴成万物。生，仁也；成，义也。故圣人在上，以仁育万物，以义正万民。天道行而万物顺，圣德修而万民化。"

所谓顺化，就是顺应天道以阴阳生成万物的自然和谐法则，以仁育万物，以义正万民，达到大顺大化，鬼斧神工而不见其迹。但是周敦颐已经意识到，单凭道德教育并不能平治天下，更不能简单地通过修圣德来化万民。因为有诚就有妄，妄为不好的行动取向，当它萌发时，就要靠天理之真诚来使之消除。倘若还是不能回复诚的本性怎么办呢？他提出了"得刑而治"的主张。他说：

> 天以春生万物，止之以秋。物之生也，既成矣，

不止则过焉，故得秋以成。圣人之法天，以政养万民，肃之以刑。民之盛也，欲动情胜，利害相攻不止，则贼灭天伦焉，故得刑以治。

周敦颐认为，从万物的春生秋成，到万民的政养刑肃，是圣人法天的自然结果。他一方面强调通过"诚"的道德精神，提高人们的道德境界，实现社会的有序和谐。从伦理学角度来说，周敦颐建构"诚"这一蕴含强烈主体精神的范畴作为其理学思想体系的中心，符合人伦道德自身发展的客观规律。但另一方面他又不轻易放过"刑治"，把伦理道德这种内在的自我约束与法律的外在强制相结合，德刑相济，化治天下。这就构成了周敦颐一套完整的统治思想体系。

主静

上文已经提到，周敦颐道德修养的目标是学圣，学圣要诚心，诚心要主静。主静也就成了周敦颐修养的重要内容。主静的观点贯穿于《太极图说》与《通书》这两部周氏传世至今的重要文献。《太极图说》重在宇宙本体方面的论述，兼及人生修养，从本体的高度阐述修养的必然要求。《太极图说》有云："圣人定之以中正仁义，而主静，立人极焉。"宇宙生化有"太极"这样的概念，根据天人相应的观念，人世也有与之对应的"人极"概念。拥有中正仁义这样美德修养的人为圣人，也就是"人极"。圣人无欲，动静得体，因而行事中正。

静本是道家的修持方法。《老子》说，归根就是静，静就是重现先天本性。又指出"我无为而民自化，我好静而民自正，我无事而民自富，我无欲而民自朴"，"圣人之治，常使人无知无欲"。后来道教中人又对周敦颐主静学说加以阐发，如李道纯《全真集玄秘要》说："所谓静者，非不动，若以不动为静，土石皆可圣也。《通书》云'动而无静，物也'，是谓动中之静，真静也。""真静"当是无欲之静，是心静能中正仁义的表现。并进一步阐述，认为中正是天之性，仁义则是天性在圣贤身上的表现。李氏又曰："若复有人以静立基，向平常践履处摄动心，除妄情，息正气，养元精，自然于寂然不动中，感通于万物也……怎么则静亦静，动亦静；动而应物，其体常静，是谓真静。"真静而心静，身静，一切清静，天下自正而君清民纯。这是一种理想的道德风尚。

周敦颐看到人之所以不能摄心主静，关键是心存杂念被物欲所牵引，所以提出了"无欲故静"的命题。排除一切感性欲望，以期沉浸于虚灵静空的境界。无欲主静继承了儒家孟子"寡欲"的思想，《孟子·尽心》云："养心莫善于寡欲。其为人也寡欲，虽有不存焉者，寡矣；其为人也多欲，虽有存焉者，寡矣。"孟子主张寡欲，寡欲则放心可回，仁义善性可存，多欲则心愈外求而失内修。就无欲主题，周敦颐在四川任上曾为张宗范作《养心亭说》，说见前文。

周敦颐认为，人只有无欲，才能静心，才能够达到诚立明通的境界。他将"诚"与"静"二者紧密联系起来。所谓诚立，即寡欲以至无欲的修养后，明心见性，本心仁义中正之德也就恢复了纯粹至善之性，成为圣贤。这也就是学圣的功夫。《通书·圣学》曰："圣可学乎？曰：可。曰：有要乎？曰：有。请闻焉。曰：一为要。一者无欲也。无欲则静虚动直，静虚则明，明则通；动直则公，公则溥。明通公溥，庶矣乎！"学圣之方就是处心于"一"，"一"就是无欲，也就是心无杂念而主静。无欲虚静，就能心通明达，洞晓事理，在行为上能正直无私，对待天地万物公正仁爱，也就接近圣人了。可见，周敦颐所主之静有两个特点。其一，静是无欲而自然形成的心境，不是任何外来力量强制所成的表面现象。其二，静不是目的，而是达到目的的手段。无欲是基础，静虚明通，动直公溥是修养的过程，圣是修养的最高目标。静虚指对内而言，也是对未遇事时而言。未遇事时此心无欲，就能虚静，虚静就能明，明就能通。"心才虚便明，明则见得道理透彻，故通。通者，明之极也。"即遇事时此心无欲，就能动直，动直就能公，公则能溥。"心才直便公，公则自无物我之间，故溥。溥者公之极也。"内则能通，外则能溥，学圣的功夫也就到家了，所以说"庶矣乎!"

"无欲主静"与后来理学"存天理，灭人欲"是不同的。周敦颐的无欲并非完全的虚无，"一者，无欲也"，反过来说，他的无欲是一。无欲是对个人欲望的一种引导、一种控制，让它向高尚的圣贤看齐，与天地合其德。他在《通书·颜子》中说："见其大则心泰，心泰则无不足。无不足则富贵贫贱处之一也。"所谓"见其大"是指见富贵之大，明白天地间什么是至富至贵，就不会被小富小贵牵情动念了。能见大富大贵，就能心泰，就无不足，所以能静，这是个引导问题。什么是大富大贵呢?《通书·富贵》说："君子以道充为贵，身安为富，故常泰无不足。"只要温饱解决了，就能安身立命，心里就觉得富足了。周子在《濂溪书堂》中提到"饱暖大富贵，康宁无价金"正是他这一富贵观的流露。对于追求目标积极引导，具体境况主动控制，就能常泰而无不足，因而自然能静。这是周敦颐主静的真正内涵，也是正道的修养方法。

世间事物皆负阴抱阳，动静这对概念也不例外，"敛藏者乃所以为发生之根"。自然秋冬变静，春夏生动。人无事时的静，也有利于有事时更好的动。所以朱熹说："心于未遇事时

110

须是静，临事方用便有气力。如当静时不静，思虑散乱，及至临事，已先倦了。"为了不至于临事时已先疲倦，释家坐禅的办法亦用来静修。宋儒真德秀说："大凡有体而后有用。如天地造化，发生于春夏而敛藏于秋冬。发生是用，敛藏是体。自十月纯坤，阳气既尽，不知者谓生气已灭，岂知敛藏者乃以为发生之根。自此霜雪凝固，草木凋落，虫蛇伏藏，微阳虽生于下，隐而未露，一年造化，实基于此。惟冬间收敛凝固，然后春来发生有力，所以冬凝无霜雪则来岁五谷不登，正以春阳发生之故也。人之一心，亦是如此。须是平时湛然虚静，如秋冬之秘藏，皆不发露，浑然一理，无所偏倚，然后应事方不差错，如春夏之发生，物物得所。若静时先已纷扰，则动时岂能中节？故周子以主静为本，程子以主敬为本，皆此理也。"这样天人类比，有着雄厚的传统文化渊源。周敦颐"久厌尘坌乐静元""书房兀坐万机休""精神合后更知微"等句，正是他主静明通实践的写真。通过身心静休，能够更好发挥人自身的潜能，这是毋庸置疑的。

周敦颐无欲主静的修养观与他的宇宙本体论是息息相关的，真德秀的阐述已经可见一斑。周氏认为宇宙的最终本原是"无极"，无极是周敦颐哲学的出发点和归宿点，无极有两个特点：一是无形，一是静虚。唯其无形才能静虚，也唯其静虚才是无形。无形是就其外表形态而言，静虚是就其本质而言。无极寂然不动，独一无二，它派生出太极，太极就有了"动静"的特点。宇宙中的一切生成由无到有，由静到动，他把这一规律概述为"静无而动有"，《通书·诚下》曰："静无而动有，至正而明达矣。"圣人至正而明达，也就能够与诚合一。静即向宇宙本体无极靠拢，无极而太极，太极就有诚的特点，它既有宇宙论意义，又有本体论意义。诚既是天道，又是人道，所以周敦颐的修养论源于本体论。

　　周敦颐无欲主静的修养方法，对后来的理学家产生了一定的影响。程颢认为性静的人才能为学。程颐亦有类似观点，曾说"每见人静坐，便叹其善学"。但二程并不持无欲主静的观点，而是将"主静"发展为"主敬"。《程氏遗书》有："'敬莫是静否？'曰：'才说静，便入于释氏之说也。不用静字，只用敬字。才说着静字，便是忘也。'"程颐对儒家以外的学说是排斥的，认为"静"乃释氏之说，"敬"才是儒家观点。敬可以导致虚静，虚静只是敬的结果，是持敬涵养带来的一种精神状态，并不是敬本身。关于敬，程颐有较详细的解说，"敬只是主一也。主一则既不之东，又不之西，如是则只是中；既不之此，又不之彼，如是则只是内。存此，则自然天理明"；"如何一者？无他，只是整齐严肃，则心便一。一则自是，无非僻之奸。此意但涵养久之，则自然天理明。"作为修养方法，"主静"与"主敬"虽然有所区别，但其联系是明显的，内容也基本一致。

三、行政思想

　　立诚、主静是周敦颐针对个体修养方法而言的，治国平天下的方法则是针对整个社会而言，两者之间不仅没有本质的区别，还有紧密的内在联系。用今天的话来说，这种治国平天下的方略可称为行政思想。个人修养向内求诸本体，行政思想向外整合群体。周敦颐认为，二者之间联系与《大学》中"欲明明德于天下者，先治其国；欲治其国者，先齐其家；欲齐其家者，先修其身；欲修其身者，先正其心"基本一致。具体表现在以下数端。

诚心是治国修身的根本。理学开山周敦颐，认为宇宙本体有诚的特点，而社会人生都只是宇宙大化的一个组成部分，也贯穿诚的特点。其《通书·家人睽复无妄》章说："治天下有本，身之谓也；治天下有则，家之谓也。本必端，端本，诚心而已矣；则必善，善则，和亲而已矣。家难而天下易，家亲而天下疏也。家人离，必起于妇人，故《睽》次《家人》，以二女同居，而志不同行也。尧所以厘降二女于妫汭，舜可禅乎？吾兹试矣。是治天下观于家，治家观于身而已矣。身端，心诚之谓也。诚心复其不善之动而已矣。"诚心是修身治国的根本，是关键所在，抓住它就若网在纲，有条不紊，各种关系的处理才会怡然理顺。周敦颐把行政的根本归之于诚心，称之为"善则"。"善则"有两层意思：一是指美好的法则；一是指要善于效法。使心诚意笃本身就是一条立身处世的首选法则，人的言行举止莫不受心主控。诚，即信。真心实意待人处事，也就无愧无疚了。人生在世总处在一个社会圈子中，这个圈子由近及远，关系也由亲变疏，联系也由紧密到松散。这层层关系，以诚心为本，修治方法则以"身"以"家"为取法对象才称为"善则"。并提出了治理过程中"家难而天下易"的命题。

为什么治理中会家难而天下易呢？周敦颐认为，原因在于"家亲而天下疏"。家人之间频繁接触，要面对的问题很多，且不是一朝一夕的事情，要处理好着实不容易，非得用至诚之心对待不可。能用至诚至公之心来处理好关系并能推而广之，家人就和睦了，社会国家也就比较安定。《大学》中"欲治其国者，先齐其家"的思想，就有这种治理先后主次轻重的内涵。处在下位者本立心诚，处在上位者就可无为而治。周子还认为，治家难在于家庭容易离异，而"家人离，必起于妇人"。

他在《周易》中的《睽》卦中找到"二女同居，而志不同行"的依据。《睽》卦取象于火向上燃烧而水向下渗透，这就形成了水火不交的对立情形，离火卦与兑泽卦又分别代表长女和少女，两个女子虽然住在一起，但志向、情趣和行为却大不相同。《家人》卦取象于风在火上，为风从火出的意象，象征外部的风，来自于本身的火，就像家庭的影响和作用都产生于自己内部一样。《家人》卦象征家庭，特别注重女人在家庭中的作用，如果她能坚守正道，将非常吉利，家正而天下定。

历史上舜是一位能在艰苦环境中治理好家庭的表率，因而他也能治国安邦，成为明君的楷模。舜的母亲死得早，父亲愚妄无知，后母蠢笨狠毒，弟弟高傲自大，都想杀舜。舜20岁时孝敬父母的名声就遐迩闻名了。尧将两个女儿嫁给他，他能和睦家庭，说明"治天下观于家"。至于尧怎么使二女同居而又志能同行，自然就在于舜自己的身正了，说明"治家观于身而已"。身要正诚心是关键。

礼乐是统治的手段。汉人班固说："安上治民，莫善于礼，移风易俗莫善于乐。"周子《通书》有《礼乐》一章："礼，理也；乐，和也。阴阳理而后和。君君、臣臣、父父、子子、兄兄、弟弟、夫夫、妇妇，万物各得其理然后和，故礼先而乐后。"作为典章制度，道德规范的"礼"，它本身不是客观规律本身，而是体现人对各种社会关系调整的要求，使万事符合宇宙运行遵循的理。宇宙万物及其各种组合皆有阴阳二重属性，周敦颐说"阴阳理而后和"，也就是说只有把关系摆正了，才能协同发展。其中就人伦而言，君臣之间、父子之间、兄弟之间、夫妇之间，相互的关系也宜有规范和定制，才不至于秩序紊乱，也才能达到治理目标。

礼制是用来规范人们行为的，音乐则是用来平和人们内心感情的。音乐产生在礼制教化之后，《通书》有三章论乐。《乐上》章大意是说：古代圣贤的君王制定了礼法，依礼而治，教化百姓。结果君臣之间、父子之间、夫妻之间这三大主要关系和谐美好，各项法律得以顺利贯彻，百姓之间和睦相处，万事万物都能依理而行。在这种情况下制定音乐的目的是为了移风易俗，进一步平和国人的情感。乐音以中正为度，所以要淡雅而不哀伤，平和而不过度颓靡，使人听了，淡泊平和。淡泊则利欲之心不起，平和则烦躁之心消失。拥有平和的心态，就能以道德临事，天下中正，这是治理的高层次境界。后来统治者不修礼法，纵欲无度，行政条例严酷紊乱，百姓痛苦。他们认为古代音乐过时了，就代代朝着哀怨方向翻新，诱惑人的欲望，增添人的愁思，使人沉溺不能自拔，致使人的精神迷惑，杀君弑父，轻生败伦，各种丑恶现象不可禁止。面对音乐古今的差异，周子叹息道：唉！古代用音乐来平和人们的心灵，今天却用来助长人们的贪欲；古代用音乐来帮助教化，今天用来增加怨恨。不恢复古代的礼制，不改革当今的音乐，而想天下大治，断不可能。礼乐是手段，平和人心是方法，天下大治才是目的。

在治理程序上，周敦颐提出"先礼而后乐"的主张，其依据是什么呢？音乐与自然、人情又有什么关系呢？其《通书·乐中》章说："乐者，本乎政也。政善民安，则天下之心和。故圣人作乐，以宣畅其和心，达于天地，天地之气感而太和焉。天地和则万物顺，故神祇格，鸟兽驯。"之所以要礼先乐后，是因为音乐以政教为基础，善政的推行在于依礼行事，礼正乐才能和。周敦颐认为，作为艺术形式的音乐，与大自然存在着某种本质的一致性，二者皆有"和"的特点。他说："乐，和也。"正因为有大自然的和，才有了音乐的和，音乐的和又影响大自然的和。这一观点是对《礼记》思想的继承，《礼记·乐记》章认为音乐是天地和合的产物，其文云："地气上齐，天气下降，阴阳相摩，天地相荡，鼓之以雷霆，奋之以风雨，动之以四时，暖之以日月，而百化兴焉。如此，则乐者，天地之和也。"作乐依乎天地之理，乐的感染不仅仅能宣畅人心，还能反过来使天地大和。万物生于天地，也得到它的感染。

治国安邦还要分清形势，把握机遇。周敦颐《通书》中有《势》一章论此，其文曰："天下，势而已矣。势，轻重也，极重不可反。识其重而亟反之，可也。反之，力也。识不早，力不易也。力而不竞，天也；不识不力，人也。天乎？人也，何尤！""势"是对"机"而言的。机，在《通书》三、四章已经谈论了很多，"动而未形、有无之间者，几也……几微故幽"。我们要善于识机，商机、战机、杀机、危机等。只有识机，才能够在一定的状态下成为势。势由机而来，君子独善其身是识机，兼济天下是成势。势的力量和影响与机就完全不同了。"天下，势而已矣"，短短几字，含义太深、太广。什么叫天下？整个社会，整个国家，整个世界，就叫天下。势而已矣，就是历史潮流不可抗拒。我们如何知道在我们的社会生活之中，在我们自身之中，有什么不可抗拒的力量在左右我们的工作，左右我们的生活，左右我们的身心。可能人们在这点上并不是很敏感，发现不到，感觉不到。也许身处紧张的局势中，就会有所悟。所以，我们应该培养对势的敏感性。

有了对发展局势的敏感性，也就是认识了"机"，弄清事态的走向。在没有形成势，或没有形成大势之前还能充分发挥人的主观能动性来造势、改势。势"极重而不可反。识其重而亟反之，可也"。到木已成舟的时候再想反过来，就无济于事了，因此好的势头出现就要鼎力扶持，坏的苗头就要防微杜渐。话是这么说，但结果会如何呢？人可以左右势，势也可以左右人，结果只能由人力与势力之间的较量来定。"反之，力也。识不早，力不易也"，要反就必须有力，要有挽狂澜于既倒的力量。没有力量如何去倒转乾坤呢？力反过来了，就是一种势，这是势与势的斗争。但如果你的智慧不能识机，认识不够，就算你有这个力量，要想去扭转乾坤也是不可能的。积重难反，但如果你能识机，认识得早，在其还未成势的时候，或是成了势还没积重的时候，就可以反。识不早，就说明你未见机，没有先见之明，就是有力也不行。识得早，就可以着力，也就可以反。

"力而不竞，天也。"有时即使识得早，见了机，且尽了力，仍未能改变势，那就是天意在起作用了。天的作用是局限于当时水平还不能说清楚的事情，"谋事在人，成事在天"也就包含了这层意思。爱因斯坦曾说，认识的半径越大，未知的空间就越大。这个未知地带，就是天。事在人为，无其人就无其事，要成一个事，必须万缘俱足。你在谋的时候不一定能达到这种万缘俱足的状态，人总会有认识的盲区，有认识不到的地方，不可能什么事情都能按照计划的进程去运行。

"不识不力，人也。"智慧达不到，力量也达不到，不去认识，不出力气，主观和客观上都不去动作，希望坐享其成，懒惰成性，而势不能反，那就是个人自身的问题了，是个人的责任。要谋而后动，谋了不动不行，不谋而动也不行。常言道，善怪怪自己，不善怪怪别人。作为我们自身，一定要对自己的行为、自己的语言、自己的思维进行规范，提高自己的修养，优化我们的智慧，美化我们的道德，就可以认识势甚至去造势、转势。在社会活动中，作为领导，作为一个部门的负责人，或者是个人，都要善于认识势，要善于用势，还要善于成势。利用好势还有一个前提，就是要务实。"实胜，善也；名胜，耻也。"要从实际的角度出发，要老老实实，本本分分地去用势，去成势，不能投机取巧，装神弄鬼，否则不会有好结果。

"天乎？人也，何尤！"究竟是天的力量呢？还是人的力量呢？有这么两句话：一句是"事在人为，休言万般皆是命"，另一句是"万般皆是命，半点不由人"。这两句虽然各执一端，但都有其合理成分。实际上作为一个人，要时常自责，要随时鞭策自己。禅宗就经常讲禅门锻炼，禅门警策。儒家也是如此，讲究三省吾身，自强不息，厚德载物，迁善改过。这些都对我们有所启迪，就是要开发我们的主观能动性。如果连主观能动性都没有，如何对势有所作为呢？如果连人基本的规范都做不好，又何以谈天呢？先做好自己该做的，至于天要如何，由它去吧！

四、文艺思想

周敦颐被认为是位通人，他博学多才，"宇宙在手，造化在握"，其思想涉及的范围很广。《太极图说》对天地人生的总体规律，有较深刻的认识；《通书》涉及的内容更为广泛，除了品格修养、行政思想外，还论及文艺方面的问题。在当时社会，文艺并非处在重要地位，只是雕虫小技，是不能与大道相提并论的"艺"。周敦颐在《通书》里专章论及文艺应该是有感而发。其文艺思想主要包括文论和乐论两个方面。

《通书》有两章是关于文论的。其一是第 28 章《文辞》，另一是第 34 章《陋》。《文辞》章说:"文所以载道也。轮辕饰而人弗庸,徒饰也,况虚车乎! 文辞,艺也;道德,实也。笃其实,而艺者书之,美则爱,爱则传焉。贤者得以学而至之,是为教。故曰:言之无文,行之不远。然不贤者,虽父兄临之,师保勉之,不学也;强之,不从也。不知务道德而第以文辞为能者,艺焉而已。噫! 弊也久矣。"《陋》章说:"圣人之道,入乎耳,存乎心,蕴之为德行,行之为事业。彼以文辞而已者,陋矣!"

很显然,周敦颐认识到了文辞的作用,文辞美则读者喜爱,读者喜爱则有利于思想的传播,反过来则是,言之无文,行之不远。能行文修辞,也是一门艺术。但同时又流露出重道德而轻文艺的思想,"不知务道德而第以文辞为能者,艺焉而已。噫! 弊也久矣"。周敦颐的这种思想,应该是针对时弊有感而发。

从唐而宋,我国文学得到了空前的发展,达到了史无前例的高峰。唐诗、宋词为后人津津乐道,散文也出现了"八大家"这样的文坛巨子。而周子所处之宋,尤为鼎盛。就量而言,全宋文是全唐文的几十倍,宋诗也是唐诗的几十倍,更有宋词勃兴。唐取进士,每科数十个而已,到了宋代,每一科就三四百位,几十倍于唐朝。这与宋代统治者重文轻武不无关系。宋朝创造了辉煌灿烂的文化,但同时弊端也就来了。这就表现在文与治、文与道的关系上。

"文以载道"是韩愈提出的一个口号,周敦颐则继承和发扬了这一思想。什么是文呢? 宋儒认为四书五经是文,是载道之器、载道之车。文章当是教化之所在,是先王成法之所在,是圣贤典籍之所在。倘若"轮辕饰而人弗庸,徒饰也,况虚车乎!"马车即便装饰得如何漂亮,都是为载人载物而设,为了载人舒适美观安全，为了载物更多更稳妥，若无所载，对人来说是没有用的，枉自花了许多功夫，更何况是一个画出来的车呢？徒有其表而无其里，徒虚而无实。庸，就是用。中庸之道就是中用之道。如果不中用也就谈不上道了。心性之上的修养，要我们能在现实生活中受用。若徒有表面繁华而不切合实际，有什么作用呢！那什么才是实用的呢？

"文辞，艺也；道德，实也。"文辞，写文章的方法和技艺，是门艺术。艺术，就是表达技艺的方法，所以文辞是一个艺术化的东西，道和德直接关系到我们的生命、我们的心性、我们的生活，那才是实用的。文辞和道德相表里，应当"笃其实，而艺者书之，美则爱，爱则传焉"。笃，厚实。笃其实，做事情要做到实处，这与周氏《通书·务实》章"实胜，善也；名胜，耻也。故君子进德修业，孳孳不息，务实胜也。德业有未著，则恐恐然畏人知，远耻也。小人则伪而已。故君子日休，小人日忧"的观点是一致的。加强道德修养，使它厚实起来。道，要笃其实；德，要笃其实；我们的情操，要笃其实；我们的本事，要笃其实。当我们有深厚的道德修养和实际能力时，再通过艺术表达，通过文章，通过诗词歌赋，通过各种优美的文体形式将深刻的思想认识表现出来、刻画出来，就会对内容给予美丽的修饰，让它更有魅力，从而让大家喜欢并承传它。若文辞不美，言之无物，则大家都不会喜欢，不接受。这就是文辞的功用，其前提是要传道，传心性之道，传仁义之道。

周敦颐从大量的事实中，看到文与道实际存在矛盾统一的关系。所谓文以载道只是文与道关系的一个方面，或者是某个特定阶段的关系。在思想和语言比较朴实的阶段，文与道比较容易一致。随着情况的不断发展，思想越来越缜密，语言越来越丰富，表达的形式也越来越多样化，而人们对思想内容表达的形式要求也越来越高。这时道也就越来越依赖于文，所以周敦颐提出"艺者书之"的专业化问题。有无文采又成为制约思想传播的重要方面，虽然道德厚实但不擅文辞，还得借助于专业的文艺工作者来表述，这就导致文道之间的分离。从而引出人到底应该专心致力于思想修养，还是同时要致力于文辞表达呢？周敦颐总的取向还是道德，他说"不知务道德而第以文辞为能者，艺焉而已"，即指出那种专以文辞工巧为事的艺术就失去了赖以生存的基础，华而不实也就失去了生命。所以，周子认为，无道之文弊也久矣。

道，是人生宇宙之道；德，是自身得到人生宇宙之道。只有对仁义礼智信有如实的体验，才能感觉到道德的分量，否则就只是空谈。务道德，就是要强化人们心性的修养，对自身精神和生命进行锤炼。倘若对基本的文化常识不清楚，对生活的基本技能不知道，也就更谈不上道德了。抑或在文艺上有所建树，但对中国传统文化中的道统没有感觉和体会，也只能是艺而已。在宋之前，儒家文人注重文辞而把心性修养看得很淡，认为佛道二家才潜心治道，大都崇尚艺去了。到周敦颐、程颐、朱熹才将道重新纳入儒家文化，周子感叹"弊也久矣"大约沿此而发。

只追求文辞华美而不顾内容，自然是一种行文弊端，《通书·陋》章将这种情况概述为"彼以文辞而已者，陋矣"！周敦颐认为，文与道是既统一又分离的。二者分离表现在文不载道。但任何道都必须以文为载体，言之无文，行之不远，这是二者的统一性。唯其道为文所载，所以学道必须学文，言道也必须言文。也唯其道以文为载体，因文而得以明其意，所以才能"贤者得其学而至之"，并用以为教。也唯其道在文中，不学文就无以明道，才出现"父兄临之，师保勉之，不学也；强之，不从也"之类恨铁不成钢的现象。这就说明，在一定阶段学文和学道是一致的，但道毕竟要成为内心体验才是德，同是习文学道，内因起到根本的作用，"圣人之道，入乎耳，存乎心"，"蕴之为德行，行之为事业"。

以上是周敦颐对文艺道德的看法，周子《通书》还提出了一系列有关音乐与自然、音乐与人情、音乐与政治，以及古乐与今乐、曲与词之间的关系。

《通书》十三章将礼乐并提，认为先有礼而后作乐，礼是充满敬意，又是万物各得其所，秩序井然的状态，自然和和美美，乐在其中。周敦颐认为，礼不仅仅是一个表述人与人之间行为的概念，他说，"礼，理也"，"阴阳理而后和"。"阴阳理"也就把礼的内涵推广到整个天地万物了，也就是把礼看成是宇宙构建的规律之一了。自然社会有了一定的秩序也才会"和"，"和"成了礼乐的共同特点。音乐之和不过是来源于自然之和。正是因为有了大自然的和谐，才有音乐艺术的和谐，而音乐艺术的和谐又反过来影响大自然的和谐。将音乐之和看成是表述自然之和的思想来源于《礼记》，其中《乐记》章说："乐者，天地之和也"，"地气上齐，天气下降，阴阳相摩，天地相荡，鼓之以雷霆，奋之以风雨，动之以四时，暖之以日月，而百化兴焉。如此，则乐者天地之和也。"音乐是天地造化之和谐的艺术表现之一。

周敦颐认为，音乐来源于大自然的和谐统一，一旦产生又具有能动性，能反过来更好地促成自然人类的更加和谐完美。他在《乐上》章说："作乐，以宣八风之气，以平天下之情。"音乐作用于自然，能宣八风之气，即能使自然气氛调和宣畅，有利于人类生存的环境协调；音乐作用于人类，能平天下之情，即能使人们达到内心的宁静。他在《乐中》章将这种思想又重复表述，说"圣人作乐，以宣畅其和心，达于天地，天地之气感而太和焉。天地和则万物顺，故神祇格，鸟兽驯"。这种天人相通相感，相互影响的思想，汉儒董仲舒《春秋繁露》中已经提到。"天地之间，有阴阳之气，常渐人者，若水常渐鱼也。所以异于水者，可见与不可见耳，其澹澹也。然则人之居天地之间，其犹鱼之离（罹）水一也。其无间，若气而淖于水，水之比于气也，若泥之比于水也。是天地之间若虚而实，人常渐是澹澹之中，而以治乱之气与之流通相殽馈也。故人气调和而天地之化美，殽于恶而味败。此易之物也，推物之类，以易见难者，其情可得。治乱之气，邪正之风，是殽天地之化者也。"人与天地万物共处一气，能够相互影响。乐，就是要使这种共处气氛和谐而彼此都受到良好的感染和熏陶，最后促成人、社会和自然的协调发展。

周敦颐把音乐放到天地宇宙大化中，找到音乐与自然之间的相互联系和影响。而人只不过是天地自然的一个组成部分，音乐感染的对象主要还是人。周敦颐认为，人性情的和善与音乐艺术的和谐有着密切联系，音乐不仅能针对自然"宣八风之气"，还能针对人"平天下之情"。达到人们性情的和谐与平静，这是他的一贯主张。《太极图说》有云，圣人定之中正仁义而主静。《通书·师》章说，"惟中也者，和也，中节也，天下之达道也，圣人之事也"，都是这一相同理念的贯彻。圣人一切教化都以中和为追求目标，而美妙的音乐就能平天下之情而致之中和。从另一个角度看，由于人的贪心和自我中心思想的作用，人心人情往往是处在不静不平的时候多，所以也就有必要通过音乐使不中者归之于中，不平者归之于平。

为使音乐起到平和天下人情的作用，周敦颐认为音乐本身要具有"平和"的特点。他说:"乐声淡而不伤,和而不淫,入其耳,感其心,莫不淡且和焉。"由此可见,周子认为音乐应当具有"淡"与"和"的特点。他的这一思想也当是从《礼记·乐记》"乐之隆,非极音也;食飨之礼,非致味也"转化而来的。外境的平淡有利于内心的宁静,乐声过于低沉或激昂都不利于内心平静,或者导致感伤,或者导致贪淫。外境与内心总是息息相通的,音乐应当平淡,一切外境皆宜平淡。比如食味之类,周敦颐也是讲求一个"淡"字,他曾写下"举箸常食淡菜盘"之句。孔子曾说"吾道一以贯之",我们拿来类比,周子思想也是一以贯之。这个"平"就贯穿了他的思想体系。

音乐平淡有什么好处呢?周敦颐说:"淡,则欲心平;和,则躁心释。优柔平中,德之盛也;天下化中,治之至也。是谓道配天地,古之极也。"淡与和是互为条件的,淡的目的是为了和,和的前提必须是淡。乐淡味薄才不至于唤起贪欲淫心,才能陶冶人的心性。欲心平,躁心释,无欲而静,优柔平中,正是周敦颐为圣的途径,圣人中正仁义而主静。看来,音乐要起到平天下之情的教育作用,本身就要具有"淡"与"和"的特点。

周敦颐提出礼先乐后,实质涉及音乐与政治之间的关系。礼、乐都是政治工具,周子说"礼"就是理,是为了教化,乐是为了感化。教化与感化是历代统治的两种手段,但二者有先后顺序的不同,即礼先而乐后。他在《通书·乐上》章说:"古者圣王制礼法,修教化,三纲正,九畴叙,百姓大和,万物咸若,乃作乐,以宣八风之气,以平天下之情。"作为教化的礼是为协调整体而给出的种种规定,是主要的政治手段。当礼治达到一定的程度,即周子提出的"三纲正,九畴叙,百姓大和，万物咸若"时，才出现以音乐平和人心的感化。三纲正，也就是社会和家庭都很和睦了，君臣上下之间、夫妇父子之间这些主要的关系都理顺了，整个社会自然成了和谐社会。"九畴叙"，也就是"九畴序"。即各类治理准则都步入正轨，在有条不紊地运转，也就是成了一个法治的社会，人们心中都有共同遵守的规则，遇事不至于无所适从。国与家都和谐了，百姓心态平和稳定，而且其他万事万物都顺理成章，和谐发展。

但周敦颐认为礼不可能永远处在一种和和美美的格局里一成不变，礼崩，乐也随之而坏。政治环境改变，音乐的特点和作用也随之改变。他说："后世礼法不修，政刑苛紊，纵欲败度，下民困苦。谓古乐不足听也，代变新声，妖淫愁怨，导欲增悲，不能自止。"用以协调人际关系的纲常伦理被打破以后，作为一个和谐有机体的社会也就开始走向破裂。一方面是作为个体要求自由解放与社会背叛，人心涣散；另一方面作为社会要求统一与协同，政令刑律琐碎繁多。社会的上层和底层不能上和下睦，不能同心同德的时候，上层纵欲败度，下民困苦，社会也就行将解体。社会不平不和，无定制可循；人心不平不静，无安稳归宿。音乐也代变新声，妖淫愁怨，导欲增悲。

周敦颐看到了政治对音乐艺术的重要影响，也看到了音乐对政治的反作用。太平盛世产生淡而不伤、和而不淫的音乐，使人听后心态平和宁静。如同受到一次次洗心革面的陶冶。有如青山绿水，鸢飞戾天者望峰息心，经纶世务者窥谷忘返，给人以超尘脱俗的感受，让人深受感染。时深日久，风移俗易，天下大治。与之相反，乱世音乐却造成社会更大的混乱，妖淫愁怨的音乐唤起人们的贪心，增加人们内心的愁闷，以致让人心神错乱而不能自控，最后发展到"贼君弃父，轻生败伦"的地步。

　　周敦颐提倡古乐，在《通书·乐上》中说："乐者，古以平心，今以助欲；古以宣化，今以长怨。不复古礼，不变今乐，而欲至治者，远矣！"这一观点与他的主静思想是一脉相承的。人心之所以不能静，主要是欲望和愁怨所牵扯。人的心意随欲而动，一念动时即生火，"贼君弃父，轻生败伦"之类都是欲念导致的恶果，生命也就在欲火中燃烧而耗蚀。古乐致静，今乐导欲的特点《礼记·乐记》中有所记载。其文云："魏文侯问于子夏曰：吾端冕而听古乐，则唯恐卧。听郑卫之音，则不知倦。敢问古乐之如彼，何也？今乐之如此，何也？"魏文侯听古乐时担心自己神意不专而睡觉，这就是"敬"。"敬"和"静"的内涵相似，周敦颐的主静，到二程就发展成为主敬了，"敬""静"二者都是收敛思绪而使之成为一身之主。当然，古乐今乐不能简单以时间先后而论，就如同说到"复古礼"一样，古乐应该是有古代平心静虑特征音乐的指称，否则时光流逝万物不再，也就无所谓"复"了。

　　《通书·乐下》章还论及歌词问题，周敦颐说："乐声淡则听心平，乐辞善则歌者慕，故风移而俗易矣。妖声艳辞之化也亦然。"就如同他在文论中强调"文以载道"一样，音乐的曲调用以歌咏乐辞，乐辞是曲调的核心，美德又是乐辞的核心，这样乐论文论又殊途同归，直指心性道德这个核心。但"乐辞善则歌者慕，故风移而俗易"，可见，内容形式之间，歌词与思想之间，都要完美，才能发挥音乐的感化作用。

五、教育思想

　　周敦颐是一位杰出的教育家，他以创建书院、兴办官学的模式，收授生徒，讲论学术，培养人才，在中国教育史上发挥过重要的作用。他的著作《通书》，多方面反映了他修身养性的主张，这部有关道德性命、礼乐刑政的论纲，有很多章节涉及教育问题，从中可窥见他的教育思想。

道德教育是教育的核心内容之一。周敦颐非常重视道德教育，认为道德应当是天地间至尊至贵的追求。他的德育思想十分丰富，主要有以下几个方面。

周敦颐强调德育的重要意义。他说，天地间至尊者道，至贵者德而已矣。一个得道仗义的人，才是尊贵的人。周敦颐希望人们树立正确的人生价值观念，特别强调要树立以拥有道德为富贵的人生观。他认为，人们有了这样的人生观，才会不被金玉珠宝之类的财富、高官重爵之类的地位牵动思绪。他说："君子以道充为贵，身安为富，故常泰无不足。而铢视轩冕，尘视金玉，其重无加焉尔。"周敦颐认为，孔子的弟子颜渊就是这样的模范。因为颜子乐于道，所以能安贫。颜子志学圣道，体道成德，其乐无穷，心胸广大，对于社会地位和生活的贫贱则能泰然处之，不以为忧。他说，颜子靠一箪食、一瓢饮维生，住在简陋的巷子里，一般人不能忍受这种处境而忧伤，而颜回不因外境改变他内心的快乐；大富大贵是一般人所喜爱的，颜子不爱不求而乐于贫贱，这是一种什么心理呢？是因为天地间还有更加宝贵的东西可以追求，看到大的目标而忘记小的富贵了。有了远大的志向和追求，内心自然平静，心平气和则没有什么不满足的了，这样就不论是富贵还是贫贱都能同样对待，所以颜子可以称作亚圣人。道德教育并非空洞的说教，周敦颐继承了儒家的道德观念，把仁、义、中、正、礼、智、信、诚、公等，作为德育内容。他认为做到仁义中正，这是达到圣人的途径，仁是周敦颐道德思想的核心，仁和义是其思想的中心，中正是真正做到仁义后的表现。周敦颐认为，信守它们，就尊贵；实行它们，就有利；扩展它们，就可以配天地。圣人把中正仁义确定为做人的最高准则。他说："圣人定之以中正仁义而主静，立人极焉。""圣人之道，仁义中正而已矣。守之贵，行之利，廓之配天地。"

周敦颐继承孔子仁者爱人的思想，并加以发展，把仁的对象范围扩宽到万事万物。他说爱就是仁，天以阳生万物，以阴成万物；生，是仁；成，是义。所以圣人在上以仁育万物，以义正万民。他把自然生长万物看作仁的对象，他要求人以仁爱之心对待民众和万物。

合乎正义或道德规范的行为就称作"义"。周敦颐认为，大地生长万物就是义。义有适宜、适当、合理的意思。他说："宜曰义。"这同《中庸》把义解释为"义者宜也"是一致的。周敦颐提出以义的要求来规范万民，使万民的行为表现出生生不息之意，符合社会的正确规范。仁是要求一个人内心要有爱，义是要求一个人外在行为要合规范，二者缺一不可。所以仁义构成了周敦颐德育内容的中心。

待人处事不偏不倚，无过与不及就叫"中"。周敦颐认为，中能使人平和中节。圣人立教就是使人自学改变不良习气，达到中正平和的内心境界，即言行举止皆无过或不及。这与《尚书》中所说的"允执厥中"相一致。周敦颐说："惟中也者，和也。中节也，天下之达道也，圣人之事也。故圣人立教，俾人自易其恶，自至其中而至矣。"朱熹解释说，中即礼。就是说思虑言行都符合礼，便是中节。

有"中"之因，才有"正"之果。周敦颐认为，"正"是端正不偏，中正无邪。他说："动而正曰道，用而和曰德。匪仁、匪义、匪礼、匪智、匪信，悉邪矣。"朱熹解释说，所谓的道就是五常，五常就是仁义礼智信。周敦颐强调的，正是要求人们的思想言行真正符合仁义礼智信。

周敦颐认为"礼"来源并契合于"理"，是社会礼制及其与之相适应的行为准则。他说："理曰礼。"他把礼说成是自然法则，人们必须遵守，这为当时封建制度和礼教制度提供了理论依据。周敦颐要求人们抑制己私，诚心诚意依礼而行，一旦做到这样，便是一个有仁德的人。他完全赞成孔子的话："一日克己复礼，天下归仁焉。"

周敦颐认为"智"就是"通"。他说："通曰智。"通是人们对于天之道——阴与阳，地之道——柔与刚，人之道——仁与义，都能透彻理解，做到融会贯通，亦即对事理能明白与通达便是智。孔子认为，君子之道有三，其一就是"智者不惑"。周敦颐把"不惑"发展为"通"。接受教育，明理通达，自然就不会迷惑了。

周敦颐说："守曰信。"守是对中正仁义的信守，也指人们对于自己诺言的信守。周敦颐对先儒五常说重新作了系统解释。他认为德是仁、义、礼、智、信，即可称之为爱、宜、理、通、守。他说："德，爱曰仁，宜曰义，理曰礼，通曰智，守曰信。"周敦颐还把道的内容，定为仁义中正。他说，明道的圣人，就是能坚持仁义中正。信即坚守仁义礼智。朱熹解释说，中即礼，正即智，道之得于心者谓之德。由此可见，周敦颐所主张的德育内容，可概括为仁义中正，或仁义礼智信，其核心是仁，其中心是信守仁义礼智。

周敦颐认为，诚是真实无妄，诚来自天道变化的事实。诚即禀受天地自然之正气，是做圣人的根本，是仁义礼智信五常的基础，是孝顺父母敬爱兄长的根源。诚实的人静处时能致中正，行动时便明事达理，能从容符合中道。人不诚便无法做到五常而言行与理合一。他说："圣诚而已矣，诚五常之本，百行之源也。静无而动有，至正而明达也。五常百行，非诚非也，邪暗塞也，故诚则无事矣。"

诚是一种美德，是德育的重要内容。他认为，能自然保持诚信的人是圣人，通过学习思虑来符合诚信的人是贤人。他说："性焉安焉之谓圣，复焉执焉之谓贤。"那么，怎样才能通过学习而成为圣贤呢？学习圣贤要在修心上下功夫，使心诚了，行为端正，光明磊落，不善的举动就会消失，这样就可以至诚而为圣贤。他说："端本诚心而已矣。身端，心诚之谓也。诚心复其不善之动而已矣。不善不动妄也，妄复则无妄矣，无妄则诚矣。"人们的思想修养达到至诚的境界，便会依照道德准则来行动，行动而得善果便可促进万物与人的和谐发展。他说："动而正曰道，用而和曰德，至诚则动，动则变，变则化。故曰拟之而后言，议之而后动，拟议以成其变化。"人类可以通过有目的、有计划的行动，促进万物和自身的顺化。

周敦颐认为，天地是最公正的，圣人之道是最公正的，因为圣人能与天地合其德。他要求人们对待人和事要做到公。他说："圣人之道，至公而已矣。或曰：何谓也？曰：天地至公而已矣。"公与私是对立的，只有以大公无私品德要求自己的人，才能以公心待人对事，从而做到真正的公。周敦颐非常重视儒家的五伦之教，教人孝悌忠信，认为这是达到天下和睦理想社会所必需的前提。他说，阴阳各得其理然后才平和，国君要像国君、臣子要像臣子、父亲要像父亲、儿子要像儿子、兄长要像兄长、丈夫要像丈夫、妻子要像妻子，人与万物都依理发展才会平和。

上述德育内容，在周敦颐看来，不仅适用于青少年，也适用于成年和老年人；不仅适用于学校教育，也适用于校外教育。按照知情意行这一现代德育的四要素，上述德育内容通过一定途径，能够提高受教育者的道德认识，培养受教育者的道德情感和道德意识，养成良好的道德行为和习惯。周敦颐说，圣人之道，不仅要耳有所闻心有所知，还应该化作自己的道德行为，贯穿到事业之中去。如果仅仅是停留在口头言语上，那就太肤浅了。这就是说，要把仁义中正等圣人之道落到实处，使受教育者身体力行。他说："圣人之道，入乎耳，存乎心，蕴之为德行，行之为事业。"入乎耳，类似现代教育所说的提高道德认识；存乎心，类似现代教育所说的培养道德情感和道德意志；蕴之为德行，类似现代教育所说的养成道德行为和习惯。周敦颐说的行之为事业，是指把圣人之道实行于治国平天下的各项事业中去建功立业。他的德育思想与前人相比，有独到之处。

在道德修养方法上，周敦颐特别强调惩忿窒欲和迁善改过。他说一个人勤勉谨慎，自强不息，执着追求诚信，就必须克制愤怒，抑制嗜欲，改正过错，一心向善，只有这样才算君子。圣贤提出惩忿窒欲和迁善改过的修养路径的确是高瞻远瞩。惩忿是把自身修养到心平气和的状态，窒欲是杜塞私欲直至于无欲的境界。周敦颐认为，人人都可以经过学习而成为圣贤，学习的要领就是无欲，无欲是入圣之门。他说："圣可学乎？曰：可。有要乎？曰：有。请闻焉。曰：一为要。一者，无欲也。无欲则静虚动直，静虚则明，明则通；动直则公，公则溥。明通公溥，庶矣乎！"

孟子提出修养心性的最大诀窍就是要排除各种欲望的缠绕，周敦颐继承了孟子的这一观点，认为修养心性最好要做到没有欲望。无欲则诚立明通，而成为圣贤。后来二程、朱熹将这一主张发展为"存天理，灭人欲"，走向了极端。在与他人相处时，周敦颐认为，你如果发现他人有好的地方而自己没有，就要学习他人的长处，也就是孔子所说的见贤思齐。如果发现他人有不好的地方，就要指出其不足，并规劝其改正。如果发现他人有一处善二处不善，就要学习他善的一处，规劝其改正不善之处。要充分相信他人能够迁善改过，保持这样一种态度，好的大家都来学习，就能形成一种良好的社会风气；不好的大家都来规劝，用爱心来感化，也就无善不施于人。

周敦颐认为，一个人有了过错自己没发现，别人给指出来了，这是件大好事。人要知道自己错了就马上改正，要以知过必改为荣，以知过不改为耻。只有知错就改，才可能成为贤人。他把人一生中犯了错误自己还不知道看成是不幸的事情，最不幸的事情则是寡廉鲜耻。有耻辱感的人才可以教育，乐于他人指出自己错误的是贤人。他赞扬孔子的弟子颜渊不重复犯同样的错误，仲由听到别人指出自己的不足满心欢喜。周敦颐斥责那些自己有了过错又不喜欢别人规劝的人，就如同讳疾忌医一样，是自己毁灭自己。他说："仲由喜闻过，令名无穷焉。今人有过不喜人规，如护疾忌医，宁灭其身而无悟也！"

由此可见，周敦颐十分注重清心寡欲、迁善改过，这种虚心向善的思想是值得重视的，下面再看看他的德育原则。

务实原则　在德业与名声的关系上，他主张实胜于名，实胜则善，名胜为耻。他主张人们要有孜孜不倦进德修业的精神，始终保持实胜于名的谦逊作风。他说："实胜，善也。名胜，耻也。故君子进德修业，孳孳不息，务实胜也。德业有未著，则恐恐然畏人知，远耻也。小人则伪而已，故君子曰休，小人曰忧。"

教育分层级的原则　周敦颐在继承儒家思想的同时，并不墨守成规，而是积极探索，加以发展。如孟子说到君子有三种

132

乐趣，其一就是"得天下之英才而教育之"，孟子的教育对象多限于英才。但是，现实中我们不能苛求每一个受教育的人都是英才，对这一点，周敦颐显然比孟子有更清醒的认识，他提出的教育起点和教育目标具有层次性："圣希天，贤希圣，士希贤。"他主张应根据每个人的实际情况提出不同层次的修养目标。如果已经是德高望重的圣人，希望通过教育和自身的努力达到超凡脱俗与天合德的境界；贤明的士子，则希望通过学习和努力达到圣人的境界；而普通士人，就希望通过接受教育进入贤士的行列。这样周子把教育对象和教育目标分成三个层次，为了达到教育目标，他提出"志伊尹之所志，学颜子之所学"。伊尹、颜渊都是大贤，是普通士人效法的楷模，在学习他们的过程中，又会出现三种结果，"过则圣，及则贤，不及则亦不失于令名"。如果效法者通过接受教育和自身的努力超过了伊尹、颜渊，就可以成为圣人；如果赶上伊尹、颜渊，那就称得上是个贤人；即便比不上伊尹、颜渊，仍然会在社会上赢得美好的名声。只要有努力学习的愿望并付出行动，就一定有所收获。周敦颐的这种认识，发展了孔子有教无类的思想，对今天人们客观认识人才，尤其是如何全面推行素质教育，提高全民族的整体文化水平，依然有现实意义。

适时启发的原则 启发性教学原则是在师生两个能动主体间实施的，要注重在适当的时机进行启发才能收效显著。这个时机就是要抓住能充分发挥师生双方的主观能动性，达到默契配合的那一时段。周敦颐继承了孔子"不愤不启，不悱不发，举一隅不以三隅反，则不复"的法则，让学生先有比较深入的思考，只有当学生百思不得其解时方予以简要点拨。他发现二程已经有了向道之心，并希冀德业精进时，提出让他们思考一般人看来生活困苦不堪的颜回到底是从哪里得到的快乐。"启"

的时机是学生渴望通晓事理而又苦于不通之时，启只是点到为止，给学生留有广阔的思考空间，绝不面面俱到，更不是和盘托出。周敦颐的启发性教育原则又似乎只是顺天而化的一个组成部分，他引用了孔子的"不愤不言"几句后，接着说"予欲无言。天何言哉！四时行焉，百物生焉"。启发也只是不得已而为之，更上乘的当是无言之教，学生能"自易其恶""自至其中"。欲行无言之教，对老师就提出了更高的要求，要求老师有高深的造诣，是能以身作则的圣贤。他说："圣人之蕴，微颜子殆不可见。发圣人之蕴，教万世无穷者，颜子也。圣同天，不亦深乎！常人有一闻知，恐人不速知其有也，急人知而名也，薄亦甚矣。"周敦颐自己以颜子为师，认为像颜子这样底蕴深厚，才能教万世无穷。

重师原则　中华民族是个礼仪之邦，自古有着尊师重教的优良传统。天地君亲师被称为百行之本，被人们所敬重。而天地君亲之义又要靠老师的教育来彰显。周敦颐认为教师起到使"天下善"的重要作用。他说："或曰：曷为天下善？曰：师。曰：何谓也？曰：性者，刚柔善恶，中而已矣。不达，曰刚，善：为义、为直、为断、为严毅、为干固；恶：为猛、为隘、为强暴。柔，善：为慈、为顺、为巽（逊）；恶：为懦弱，为无断，为邪佞。惟中也者，和也，中节也，天下之达道也，圣人之事也。故圣人立教，俾（使）人自易其恶，自至其中而止矣。故先觉觉后觉，暗者求于明，而师道立矣。师道立则善人多，善人多则朝廷正而天下治矣。"周敦颐一生在地方为官三十余年，主要职事是办案，即与作奸犯科之人打交道。他深明太极之理，熟悉宇宙辩证法，站得高，看得远，黄宗羲称他"造化在手，宇宙在握"。因此，他一手抓法治的同时，又一手抓教育，治标治本，双管齐下。那些行为不轨的人可称为不善之人，不善之人需要"师"来引导，使之洗心革面，重新做人。怎样才能使天下人人都能从善而不为恶呢？那就是要弘扬师道，要有教化。教化要因人而异，有针对性，根据人不同品性的差异加以陶冶改变，因材施教，目的是通过老师朋友将其引向行善的道路。这是因为，人因师友而获得知识；任何人的文化知识、道德修养，都是后天教育培养所致，而文化知识传承的基本链条在师友。他在《通书·师友下》章中说："人生而蒙，长无师友则愚。""蒙"，是万物初生幼嫩时的状态。就人而言，即生命稚弱、知识暗昧之时。"愚"即以是为非、以非为是的不清醒状态，并非生理神志的不清醒，而是是非观念不明确。"蒙"是一切人初生时的特点，"愚"则是"长无师友"的必然结果。

可以说，人之所能走出"愚""蒙"，得益于老师的教诲、朋友的帮助。师友的教育作用，还在于人因师友而拥有美德。他在《通书·师友上》章中说："天地间，至尊者道，至贵者德而已矣。求人至难得者有于身，非师友不可得也已！"这里，他作了三层合理推论：一是，天地间最为尊贵的东西是道德；二是，道德对人来说最为难得；三是，非师友帮教不可能拥有道德。显然，道德之可贵全在它为人所拥有，而身有道德又要靠明师的开导和益友的帮助。这样，师道就被提升到一个相当尊崇的高度。周敦颐这种把老师看成是天地间教德引路人的大社会师道观，视师道始终是全社会之师道。人人都受到明师的教诲，人人都对社会的师道应当尊崇的观点，直至今日，仍振聋发聩。至于"师道立则善人多，善人多则朝廷正而天下治"的推断，虽有夸大教育作用之嫌，也不无道理。

周敦颐的立师之道，建立在他对人的品性的独特分析之上。对于人的品性的探讨，自孔圣以降，论者如云，概括起来约有六说。孔子提出性无善恶论，"性相近，习相远"；孟子力主性善论；荀子立其性恶论；扬雄则主善恶混合论；董仲舒、王充主性有上中下三品论；张载、二程、朱熹主天命之性、气质之性二元论等。周子则认为，人的品性有两种，即刚与柔；而刚与柔又各有善、恶两端，谓之刚善、刚恶、柔善、柔恶。人的这种先天具有的品性，不仅刚恶、柔恶是不好的，即便是刚善、柔善，也很难达到亦刚亦柔、刚柔相济的理想程度。在对人的品性教育培养上，老师的职责有二：一是改造，一是提高。就改造而言，即使之自易其恶，对"刚恶"的猛、隘、强暴和"柔恶"的懦弱、无断、邪佞等恶劣品性进行改造，弃恶向善，从善如流；就提高而言，即使之自至其中，自觉对"刚善"的义、直、断、严毅和"柔善"的慈、顺等淳良品性锤炼提高，不断优化、纯净，达到"中"的程度！

那么，人过刚太柔的品性，修炼到什么程度才称得上"中"呢？周敦颐的特定解释为："惟中也者，和也，中节也，天下之达道也，圣人之事也。"对"中"的具体标志，他罗列了几点，关键是前两者"和"与"中节"。和，就是和顺和谐，刚柔相济。可见，周子"中"的主要含义即"和"，它有不刚不柔，既刚且柔之义。《中庸》说："喜怒哀乐之未发谓之中，发而皆中节谓之和。"孔颖达对"发而皆中节谓之和"，解释为："发而皆中节谓之和者，不能寂静而有喜怒哀乐之情，虽复动发，皆中节限，犹如盐梅相得，性行和谐，故云谓之和。"孔颖达以"盐梅相得"来喻"中节"，说明其内涵是刚柔相济恰到好处。一个人的品性达到不刚不柔、刚柔相济的"中"的地步，自然就符合天下达道，以及圣人教化所期望的至善至美的理想境界。应该说，人的这种品性的培养，是人性的完善与净化，即便在今天市场经济的滚滚热浪中，同样值得人们深思！

儒家经典之一的《礼记》云："天命之谓性，率性之谓道，修道之谓教。"认为人性是"天命"自然形成的，道是循性而生的，教是因道而设的。对此命题，周敦颐进行了实质性的改造，并未停滞在传统的教化重点"修道"上，变对"道"的理论探索为对"性"的培养教育，并提出"双自"（"自易其恶""自至其中"）的品性培养模式，这无疑是对习已长久的立师设教观的超越。在具体运作上，周敦颐明确指出，圣人设教，是为了使人不断和自身的缺点斗争，克服不良习性，而达到中和平正的境界。无论是对人性刚恶、柔恶的改造，还是对刚善、柔善的培植，都特别强调"双自"。受教育者自身要进行内在品性的提升，对受教育者要关爱，予以春风化雨般的陶冶！由此，周敦颐把师道简单地概括为"先觉觉后觉，暗者求于明"。这里的先觉者帮助后觉者的"教"，与暗于道者求助于明晓通达者的"学"，教与学两者互为一体，相辅相成，并实现教学相长，这才是立师道全过程最大价值之所在。可以想见，在我国这种"双自"为师观、教学相长论，其源何其远，其流何其长矣，它的理论光辉，何止照耀有宋一代！

就启蒙教育，周敦颐根据《周易》有关卦象立论，提出了一系列幼教原则。他说："童蒙求我，我正果行，如筮焉。筮，叩神也。再三，则渎（过度烦琐）矣，渎则不告也。山下出泉，静而清也。汩（搅浑）则乱，乱不决也。慎哉，其惟时中乎！艮其背，背非见也。静则止，止非为也。为，不止矣。其道也深乎！"此章引《周易》的《蒙》《艮》二卦立论。黄百家说，《通书》四十章，多次提及为师之道，因为周子以师道为己任，《蒙》卦以培养品行正直的人才作为论述的主要内容，而《艮》卦有抑止邪恶，厚德敦行之义，大约都是通过为师的潜移默化来使学人有所觉悟吧。黄说揭示了《通书》该章的大意。首先，从《蒙》卦卦辞引出教育童蒙的原则。卦辞原文为："蒙，亨。匪我求童蒙，童蒙求我。初筮告，再三渎；渎则不告。"周敦颐省去了开头一句"匪我求童"；于"求我"之下补入"我正果行"四字改"初筮告"的陈述句为比喻："如筮焉。筮，叩神也。"其次，从《蒙》的卦象推论出对童蒙的启发导引"汩则乱，乱不决"的原则。再次，论断对童蒙开启的"时中"原则。最后，从《艮》卦卦辞引出"为，不止矣"的教育原则。下面，我们对周敦颐的几条重要的童蒙施教原则，简要介绍。

渎则不告——语出《蒙》卦卦辞。周敦颐对卦辞作了删改后，便构建了他的童蒙教学原则。讲教者对童蒙的虔诚求教，决疑必须量入而为，也就是要因材施教，这与他的教育层级性原则是一致的。如果求广求深，教不量力，好高骛远，使童子茫然不知，造成混乱，还不如不教。"我正果行"，语出《蒙》卦《象》辞："蒙以养正，圣功也……君子以果行育德。"王弼注释说，君子必须行动果断，对童蒙教育一开始就要有个好的典型，才有利于培养良好的品德。因此，"我正果行"既隐含了卦辞"初筮告"的原意，又兼容"养正"之意，指明师者"养正"的重大责任。"如筮焉"是"童蒙求我"恭敬心理的比喻。卜筮即向神求教，把童蒙求教与常人求神相提并论。唯其如此，为师要"正"，要"果行"，不能模棱两可，误人子弟。何谓"渎则不告"？《周易正义》解释说：卜筮是用来决疑排难的。童蒙既然来向我求教，我当用浅近通脱的语言给他剖析所求事理。如果学生一而再、再而三地离题乱问，则不予回答，这有利于坚守正道。如果一味追求向问题的深广方向说解，会导致学生不明白，这样还不如不教。显然，"渎则不告"，是强调童稚教育的量力性。其实，做任何事情，违背了量力而行的原则，势必事与愿违。

汩则必乱——讲的是对那些好似洁静泉水的纯朴幼童，要倍加呵护，谨防浊污。此言出自《蒙》卦，《象》辞对卦象的解说是："山下出泉，蒙。"意思是从山下流出的清泉，何去何从还不得而知。孔颖达认为，山下清泉不知流向何方，正处于蒙昧不知的状态，这个转折点若选择不对，就可能造成凶险。周敦颐独辟蹊径，不以山泉的"未有所适"作"蒙"的推理前提，而是从泉因山而出，肯定"静而清"的可贵本源。他说："山下出泉，静而清也。"多美的水源，多好的质地。以人事言之，每个幼童，谁不天真纯净，有如从山下流出的潺潺泉水，静谧而且清冽。但自然泉水，无法确保它在流淌过程中永远清净不受污染。事实上，一旦被污泥浊水混流，不但不洁不净，很快变质甚至断流，以致"汩则乱，乱不决也"。从静且清的泉水在流淌过程中难免受污而浊，因流淌而变质，甚至断流，教育者该得到什么样的启示呢？不正是表明，对天真纯朴的幼童的指引开导，贵在正本清源、精心呵护吗！应该说，全社会都要高度预警少年儿童成长过程中的种种浊污和蚀损。

慎其时中——讲的是对童蒙的指引开导，要因人因时制宜，决不可主观臆断。既考虑其客观长势需要及愿望，又要考虑主观固有基础和条件，处之得时，用之中节，才能"时中"。"时中"语出《蒙》卦《彖》辞。原文是："蒙亨，以亨行，时中也。"亨就是通的意思。"蒙通"，凡人皆由蒙昧而走向亨通，这是人成长的普遍规律。孔颖达解释说，还处在蒙昧的时期，人都希望自己亨通，如果这时能通过教育使之通达，就抓住了施教的大好时机。其实，任何人变得通达成熟的过程，都包含有客观时机和主观条件两方面，既充分考虑客观形势的需要，又考虑主观的可能条件，真正抓住了恰当的时机，才能达到理想的教育效果。联系上文童蒙的指导者，告与不告，决与不决，以及如何告，如何决，告之何等程度，决之何等程度，凡此等等，都得因人因时制宜，来不得半点臆断！为此，周敦颐发出"慎哉，其惟时中乎"的警言，以昭示启蒙教育时段务必慎重。为师者与蒙童间的种种"时差"或"代沟"，是客观存在的。要指引开启童蒙，如何切入最佳时机，利用好这一黄金时域，发挥出满意的时效，达至"时中"的理想程度，是每位人师、每个家庭，乃至整个社会的向往和追求。

为则不止——讲的是自我修养和童蒙教育过程中"防患于未然"的原则，已经误入迷途，再想制止就不那么容易了。周敦颐说："艮其背，背非见也。静则止，止非为也。为，不止矣。""艮其背"语出《艮》卦卦辞。艮卦象征的是山，有静止之意，再加引申而有制止之义。人的成长总会有这样那样的错误思想出现，老师有制止错误的责任。但树欲静而风不止，事与愿违的时候很多，教师长辈往往为这伤透脑筋。背是人自己见不到的位置，无所见自然心静。人师当早识变机，不让童心为尘埃所染而起邪念。所以老子说："不见可欲，使心不乱。"孔颖达说："既兆而止，则伤物情。故防止于无见之所则不隔物欲，得其所止也。若施止于面，则对面而不相通，强止其情，则奸邪并兴而有凶咎。"孔疏着重说明"止之于背"与"止之于面"的两种不同效果。周敦颐由此立论，意在说明对童蒙施教和自我修养过程中，止与静的关系。"艮其背，背非见也"句，用背的不可见来隐喻制止邪念的最好办法是不见所欲。不仅如此，止念必须静心，静心才能止念。就是说：止必止于"背"，因为背是眼不能见，眼见则势必难止；止必止于"静"，因为静是无虑无为，有为则势必难止。"眼见"，指外物

140

的诱惑；"有为"，指内心欲望的萌发。"不见""不为"，均取自卦象的如山之静。自我修养或引导童蒙，要防患于未然，止必止于外物未接，内欲未萌之前，要有前瞻性。周敦颐从《艮》卦的背之不能见，推断出人们对欲望最好不要体验，一旦唤醒它很难制止——"为，不止矣"。显然，这是《易》理深邃之所在！

周敦颐的这些教育原则，从总体上看，基本是取法自然演变的一般规律。他都从大的天地造化入手，探索如此立法定则的因由。教育只不过是宇宙大化中的一小部分内容，只是因势利导而已。事物的发展有自然的规律和趋势，教育也不能违背历史发展的规律行事。但人的成长是有阶段性的，在没有形成定式之前还能采取措施，这就是教育的功效。"极重不可反"，警示人们不要等发展到无可救药的地步才想到挽救，这就是不识"势务"了。他对童蒙教育很重视也是基于势重不可返的原因，儿童的可塑性很强。此外，若从广义上理解，刑罚也是一种教育。现在还有"劳教"一词，就多少包含了这层意思。他认为，天以春生万物，止之于秋。圣人效法天地，以政养万民，肃之以刑，故得刑治。掌管刑罚的人，即掌管人命，不能不谨慎行事。办了三十多年案件，他对刑教的认识是深刻的。当刑不刑，不当而刑，或刑之不及，都不能起到教育的作用。

第 6 章

濂学思想　源远流长

　　周敦颐是北宋著名的思想家、教育家、文学家。短短的五十七个春秋，大半为官边野，留给后世的只有六千二百多字，所著《太极图说》《通书》言简意赅，在中国思想史上影响深远，开宋明理学之先河，被尊为"宋五子"之首；他的《爱莲说》《拙赋》，陶冶一代又一代人的情操，启迪一代又一代人的智慧。后人将周敦颐的思想学说概述为"濂学"，或称之为"濂溪学"。

　　濂学上接孔孟，下启程朱，源远流长，在我国思想史上享有崇高的地位。其内容涉猎广泛，主要影响在以下几个方面：一是圣人的人格气象；二是在道学中的地位；三是在心学中的地位；四是对湖湘之学的影响。

一、圣人的人格气象

　　周敦颐的学术思想之所以能深入人心，广为流布，这与他的圣人人格是密不可分的。他的道德品格，代表了我们民族所推崇的价值取向。他格高品洁，脱俗拔尘。黄庭坚曾评价他

"人品甚高，胸怀洒落，如光风霁月。廉于取名而锐于求志，薄于徼福而厚于得民，菲于奉身而燕及茕嫠，陋于希世而尚友吼千古"。圣贤与凡夫，伟大与卑俗往往是通过对人待物时的态度体现出来的。韩愈曾说："古之君子，其责己也重以周，其待人也轻以约。"周敦颐就是一位严于律己、宽以待人的圣贤。他认为，圣人是最为完善的人，其人格是理想的人格，是人生修养的最高境界。圣人集天道和人道于一身，其道德行为既体现了宇宙自然变化的规律，又符合人类社会的要求。圣人定之以中正仁义而主静，他自己一生严于律己、身体力行。

他把自己的荣辱得失看得很淡，处处与人为善，又是非分明。同样是顶头上司，面对王逵恣意枉法、草菅人命时，他据理力争，为民请命，毫不顾惜自己的利益与前程；而面对李初平溘然辞世，留下的遗孀孤子生活无依时，他毅然挑起接济其家生活的重任；面对上司赵清献惑于谗言而左右刁难时，他能够超然处之，终于以自己旷达的胸怀和贞正的行动感化了这位铁面御史，化敌为友。周子恰逢北宋新旧党争之时，一颗平易公正的心，赢得了旧党吕公著的嘉荐、新党王安石的景仰。

他一辈子虽然官位不高，但工作勤勤恳恳、任劳任怨，有强烈的社会责任感。他在虔州任上的一年冬天，外出考察时，城内发生了一场火灾，因而被贬永州。当时很多同僚都为之不平，他自己并不埋怨上司的不公，将一腔工作热情带到湘南边陲。广东任上，已是晚年，依旧尽心职事，于人务在矜恕，以洗冤泽物为己任。为查清案情，虽荒崖绝岛，瘴疠之乡，皆必缓视徐按，不辞辛劳。三十余年的宦海生涯，不仅能尽心职事，还常常是每到一处，首修学校以教人，袁州、虔州、郴州、合州、邵州等地，无不留下他教学授徒的足迹。

除旷达、勤奋外，清廉是周子人品的又一特点。人活着总要以一定物质利益为基础，这是毋庸置疑的事实。但在儒学思想家看来，道德是最高的尺度，人之所以为人就在于人的行为总要受到一定道德规范的约束。这样，一方面是物质利益的需要，另一方面是道德的需要，它们构成矛盾的两极。任何一个现实的人都必然在这种矛盾中面临着选择，理想人格当然必须首先要处理这种关系和矛盾，即"义利理欲"的关系。周子在洪州南昌为官时，大病一场。潘兴嗣去看望他时，发现他家里使用的物品很少，只一小筐就可以装下，钱不满百。他平日俸禄，全用来周济同族，奉待宾友，即使家人食粥不能供给，也毫不在意。"事冗不知筋力疲，官清赢得梦魂安"是他寄给乡关故旧的自况诗句。

《爱莲说》正是他君子品格的写照，他在《题濂溪书堂》中说"名濂朝暮箴"。一位品格高尚的君子，可能一时遭遇误解，但日久见人心。我们这个民族，我们这个历史悠久的文明国度，总是以极大的热情欢迎和纪念过往圣贤。周子的人格在当时就受到推崇，二程之父程珦觉察他为"知道"者，傅耆尊之为宗师，王安石多次拜访不胜向往之至，孔延之料定其必名垂青史。后世周子成为统摄诸派学宗，正是对历史的印证。

二、在道学中的地位

周敦颐在道学中的地位，由宋而清有一个演变过程。宋人胡宏在《通书序略》中说："周子启程氏兄弟以不传之妙，一回万古之光明，如日丽天；将为百世之利泽，如水行地。其功盖在孔孟之间矣。……人有真能立伊尹之志，修颜子之学者，然后知《通书》之言包括至大，而圣门之事业无穷矣。故此一

144

卷书，皆发端以示人者，宜其度越诸子，直以《诗》《书》《易》《春秋》《语》《孟》同流行乎天下。"因为政治见解及性格上的差异，从表象看二程与周子关系不够密切，但当时胡宏这样的学者都认为周子启程氏兄弟以不传之妙。周子著作出自程门，程氏门人也认为程氏之所以能穷性命之理，率性会道，体道成德，出处孔孟，与从学汝南周茂叔是密不可分的。

张栻在胡宏的基础上，进一步宣扬和表彰周敦颐在道统史上的作用和功绩。他说："嗟乎！自圣学不明，语道者不观夫大全。惟先生生乎千有余载之后，超然独得夫大《易》之传，所谓《太极图》，乃其纲领也。"称周敦颐于千年之后，独得不传之绝学，其《太极图说》即是体现其道的纲领。可见张栻主要是从《太极图说》出发，来肯定周敦颐在道学中的地位的。张栻指出："惟先生崛起于千载之后"，独得微旨于残编断简之中，孔孟之意，于以复明。至于二程先生则又推而极之。从师友渊源上讲，圣人之道复明于天下，实自周敦颐发其端。从而大大提高了周敦颐的地位。

宋人祁宽《〈通书〉后跋》中极力肯定周子开启伊洛二程的道学传授关系。他说："先生殁，洛阳二程先生唱学于时。辨异端，辟邪说，自孟子而下，鲜所许可，独以先生为知道。"又云："自闻道于先生，而其学益明。明道先生曰：'有再见周茂叔，吟风弄月以归，有吾与点也之意。'伊川先生状明道之行，曰：'幼闻周茂叔论道，遂厌科举之业，求诸六经而后得之。'其推尊如此。于是世以道学归之。"这是南宋初绍兴年间的事，离周子辞世，还不到百年。当时对周子在道学方面上承孔孟、下启二程的观点基本形成了共识。

后来二程传承的理学，从北宋到南宋逐渐发展为学术思想的主流，周敦颐的地位也随之升高。由于理学的创立者程颢、程颐曾向他问学，故周敦颐被后来学者视为道学开山之祖，在《宋史·道学传》中被列为道学之首。然而，周敦颐被后人推为理学宗师，其实不仅仅因为他曾做过二程的老师，从后来理学的发展来看，他确实提出了一些对理学有重大影响的思想。《论语》中记载，孔子的弟子颜回生活贫困不堪，但并没有影响他内心学道的快乐，孔子对此十分赞叹。程颐后来回忆早年周敦颐对他的教诲时说：昔受学于周茂叔，每令寻颜子仲尼乐处，所乐何事。此后，"寻孔颜乐处"成了宋明理学的重大课题。这表明，周敦颐提出的寻求、了解颜回何以在贫困中保持快乐的问题，对二程及整个宋明理学确实产生了重大的影响。

周子在道学传授中地位的提高，朱熹是第一功臣，他的大力推崇使濂学日益彰显。关于"授受说"《朱子语类》记载了以下一段朱子与弟子之间的对话，"问：'伊川何因见道？'曰：'他说求之六经而得，也是于濂溪处见得个大道理占地位了。'"朱子认为程颐在为学的大方向上受到了周敦颐的决定性影响，其自身的学说则求之六经而得。可见朱子眼中的"授受说"并无丝毫神秘性可言。另外，我们不能忘记的是，朱子不仅是思想家，同时也是思想史家。思想史家的主要工作是在于分析与评价，评价即价值附加、意义追认的过程。朱子彰显周敦颐的地位，并非全因为周敦颐是二程的老师，而是注重其学术内涵与道学的内在脉络而为之。

朱熹的学说传到金代，金代学者也把周敦颐作为理学的开山祖师。元兵灭金，又继续向南宋进攻。在一次战役中，元兵抓到了一个名叫赵复的理学家。于是在京城建了一座书院，让赵复在里面讲学。书院名称叫"太极书院"，里面供奉着周敦颐，二程、朱熹的神像站立在两边陪伴。这表明，当时周敦颐的地位，不仅在朱熹之上，而且在二程之上。明人曹端说：

"自孟子而后，真知灼见惟一周子耳。"

到清初黄百家《宋元学案》说："孔孟而后，汉儒只有传经之学，性道微言之绝久矣。元公崛起，二程嗣之，又复横渠诸大儒辈出，圣学大昌……若数元公之破暗也。"

三、在心学中的地位

就理学有关本体问题的讨论，二程建立了"天即理"的理本论哲学，认为观念性的理是世界的本原，但理并不是虚空，而是实有其理。理是观念性的实体，是有实际内容的。朱熹提出理为"本"，气为"具"的学说，以太极之理为宇宙本体。太极是"有理"和"无形"的统一，而不是纯粹的虚无。陆九渊、王守仁以心为本原，认为"心外无物""心即理也"。于是心学成为理学中的一个独立学派，成为明代中后期的学术主流。心学与道学在本原与明理方法上相互对立，几乎不可调和，但对于周敦颐濂学的推崇和阐发两家相比毫不逊色。

陆九渊与其兄九韶认为《太极图说》很可能不是濂溪所作，纵是亦为学之未成时所作，非周子思想的代表。二陆反对朱熹为周子所作注解，却并不否定濂学，九渊认为濂溪为二程之师，是二程之所出者。谓"明道、伊川亲师承濂溪"。《象山语录》（陆九渊曾在江西贵溪象山讲过学，称象山先生）有云："二程见周茂叔后，吟风弄月而归，有吾与点也之意。后来明道此意却存，伊川已失此意。"九渊曾说"本朝儒学之盛，始自周茂叔"。这无疑在说明心学与濂学之间亦有传承。宋代陆氏心学影响远不如朱子理学之大，但到明朝中叶心学的影响却胜过理学，王守仁以陆学传人自任，论及濂溪时颇多推崇。

王守仁视濂学为心学之先寻，其《象山文集序》云："圣人之学，心学也。尧舜禹之相传授曰：人心惟危，道心惟微，惟精惟一，允执厥中。此心学之源。……至宋，周程二子始复追寻孔颜之宗，而有'无极而太极''定之仁义中正而主静'之说。……象山陆氏，虽其纯粹和平不逮于二子，而简易直截真有以接孟子之传。其议论开阔，时有异者，乃其气质意见之殊，而要其学之必求诸心，则一而已。故吾尝断以陆氏之学，孟氏之学也。"王守仁认为，心学为圣人之学的承传，而至有宋一代，周（敦颐）程（颢）即是心学的重要承传环节。寻孔颜之宗是修心的方法，纯粹和平是内求修心的结果，而濂溪之"无极而太极、定之仁义中正而主静"亦可视作心学之理论根据。

王守仁心无分动静之说继承了周子神思"动而无动，静而无静"之论。他认为心本体就是动静如一、动静相贯的。心之本体就其未发之态而言，就是寂然之静，而其中具备感通之理；心之本体就其感通之态而言，是循理之动，而循理之动也就是静。其《答陆原静书》云："动静者所遇之时，心之本体固无分动静也。理无动者也，动即为欲。循理则虽酬酢万变而未尝动也，从欲则槁心一念而未尝静也。动中有静，静中有动，又何疑乎？有事而感通，可以言动，然而寂然者未尝有增也。无事而寂然，固可以言静，然而感通者未尝有感也。动而无动，静而无静，又何疑乎？"这正是对周子《太极图说》的继承和阐发。

四、对湖湘之学的影响

岳麓书院文庙有一副楹联："吾道南来，原是濂溪一脉；

148

大江东去，无非湘水余波。"清代大学问家王闿运先生作的这一联语，虽不无夸张之嫌，但也说出了一个事实：宋代创立的湖湘学派与濂溪学具有渊源关系，而且在中国思想史，特别是理学发展史上具有重要的地位。

湖湘学派以性为本体的理学思想和重践履的经世务实学风为主要特征。论"性"说"道"，是湖湘学者讨论的中心议题。主要创始人有胡安国、胡宏（号五峰）和张栻（号南轩）。福建崇安人胡安国，是二程的弟子，自称得二程《遗书》者为多，并同程门四大弟子中的谢良佐、杨时、游酢有密切的学术交往。南宋建元之乱后，胡安国与其子胡宏由湖北迁入湖南，避居在衡山一带，著书立说，创建碧泉书院和文定学堂聚徒讲学，为湖湘学派的发展奠定了基础。胡安国的儿子胡寅、胡宁、胡宏都是湖湘学派的创立者，胡宏功绩尤著。全祖望在《五峰学案》序录中认为胡宏"卒开湖湘之学统"。胡氏之学由胡宏的得意高足张栻传到长沙岳麓书院和城南书院，使发源于衡山的湖湘学派重心转移到长沙，岳麓书院逐渐成为湖湘学派的中心基地。四川广汉人张栻是南宋中兴贤相张浚的长子，绍兴三十一年（1161）随父到长沙并定居城南，他奉父命前往衡山拜胡宏为师，除继承胡氏之学外，还广泛听取前辈学者和同辈学者的学术思想，使湖湘学派的学术思想有了进一步的开拓和系统化。

南宋后期理学家真德秀在《真文忠公读书记》中曾说过："二程之学，杨时得之而南传之罗从彦，罗氏传之李侗，李氏传之朱熹，此一派也。谢良佐传之胡安国，胡氏传其子五峰，五峰传之张栻，此又一派也。"由此可见，张栻和朱熹的师承传授是同出一门的。从总体上看，湖湘学派的学术渊源于周敦颐，以理学为归宗，是二程洛学南传的结果。梁绍辉先生总结说：湖湘之学源自濂溪，创于胡宏而盛于张栻，流及明清而接续近现代，形成了以岳麓书院为中心的跨时代人才群体。

附　录

年　谱

1017年（宋天禧元年）　五月五日生于道州营道县营乐里楼田村。

1030年（天圣八年）　在村西月岩筑室读书，相传初悟太极。

1031年（天圣九年）　其父周辅成去世，舅舅龙图阁直学士郑向将周敦颐接到京城开封。

1034年（景祐元年）　守丧期满。

1036年（景祐三年）　行成人礼，德行闻于当时。娶职方郎中陆参之女为妻。舅舅郑向去世。

1037年（景祐四年）　母亲郑氏去世。居润州守丧，读书鹤林寺。

1040年（康定元年）　守丧期满，吏部调往洪州分宁县任主簿。

1044年（庆历四年）　吏部考核优秀，调往南安军任司理参军。

1046年（庆历六年）　大理寺丞知虔州兴国县令程珦，令二子程颢、程颐从学。调郴州任郴县令。

1050年（皇祐二年）　改任郴州桂阳令。

1054年（至和元年）　改任洪州南昌知县。

1056年（嘉祐元年）　京官头衔迁至太子中舍签书，任合州判官。

1060年（嘉祐五年）　入京。

1061年（嘉祐六年）　京官头衔迁至国子监博士，通判虔州，路过江州，爱庐山之胜景，有定居之志，遂建书堂于其麓。

1063年（嘉祐八年）　四月英宗登极，以恩迁虞部员外郎，仍判虔州。作《爱莲说》。

1065年（治平二年）　迁比部员外郎。

1066 年（治平三年）	至永州。
1068 年（熙宁元年）	授广南东路转运判官。
1070 年（熙宁三年）	转虞部郎中，擢广南东路提点刑狱。
1072 年（熙宁五年）	定居庐山之麓。
1073 年（熙宁六年）	去世，享年五十七岁。

主要著作

1.《太极图说》

2.《通书》

3.《爱莲说》

4.《养心亭说》

5.《拙赋》

6.《邵州新迁学释菜祝文》

7.《告先师文》

8.《彭推官诗序》

9.《与傅耆伯成书》

10.《慰李大临才元疏》

11.《与二十六叔等手帖》

12.《与仲章侄手帖》

13.《书仙台观壁》

14.《游山上一道观、三佛寺》

15.《喜同费君长官游》

16.《呈谢签判殿丞宠示游山之作》

17.《和前韵》

18.《剑门》

19.《万安香城寺别虞守赵公》

20.《行县至雩都，邀余杭钱建侯拓、四明沈几圣希颜同游罗岩》

21.《同石守游》

22.《江上别石郎中》

23.《忆江西提刑何仲容》

24.《治平乙巳暮春十四日，同宋复古游山巅。至大林寺，书四十字》

25.《题寇顺之道院壁》

26.《题浩然阁》

27.《题酆都观》

28.《按部至潮州题大颠堂壁》

29.《按部至春州》

30.《题惠州罗浮山》

31.《赠虞部员外郎谭公昉致仕》

32.《题濂溪书堂》

33.《思归旧隐》

34.《夜雨书窗》

35.《石塘桥晚钓》

36.《书春陵门扉》

参考书目

1. 黄宗羲、全祖望：《宋元学案》，中华书局，1986 年。

2. 梁绍辉：《周敦颐评传》，南京大学出版社，1994 年。

3. 周敦颐：《周子通书》，上海古籍出版社，2000 年。

4. 张伯行：《太极图详解》，学苑出版社，1990 年。

5. 杨柱才：《道学宗主周敦颐哲学思想研究》，人民出版社，2004 年。

6. 张立文：《宋明理学研究》，中国人民大学出版社，1985 年。

7. 侯外庐：《宋明理学史》，人民出版社，1984 年。

8. 陈来：《宋明理学》，辽宁教育出版社，1991 年。

9. 牟宗三：《心性与性体》，上海古籍出版社，1999 年。

10. 陈忠：《周敦颐研究》，九江师专学报编辑部，1993 年。

11. 徐洪兴：《周敦颐〈太极图说〉〈通书〉关系考》，《中国哲学史》

2000 年第 4 期。

12. 王兴国：《周敦颐与程颢程颐兄弟》，《湖南科技学院学报》2005
年第 1 期。

13. 冯学诚：《文以载道，圣蕴同天》，《西部广播电视》2008 年第 5 期。

14. 束景南：《太易图与太极图》，《东南文化》1994 年第 1 期。

15. 余愚：《周敦颐宇宙图式论哲学形成的文化背景》，《中国文化研
究》1999 年。

16. 李申：《太极图渊源辨》，《周易研究》1991 年第 1 期。

17. 万书元：《从濂溪书院的演变看学人的圣化》，《南京理工大学学报
（社科版）》2007 年第 10 期。

18. 周建华：《周敦颐与江西南安军（府）学》，《江西社会科学》
2002 年第 8 期。

19. 胡正耀：《洞奇景幽楼田村》，《湖南科技学院学报》2005 年第 1 期。

20. 李才柱：《周敦颐与濂溪书院》，《江西教育学院学报》1993 年第
3 期。

21. 孔令宏：《周敦颐思想与张伯端的关系》，《合肥联合大学学报》
2000 年第 6 期。

22. 何善蒙：《周敦颐：儒学本体论思维向度的开启者》，《青岛大学师
范学院学报》2006 年第 3 期。